音楽科授業サポートBOOKS

ICTで令和の学びを創る!

こなっしーの

音楽授業アクション50

🍐 小梨 貴弘

タブレット活用

オンライン学習

感染症対策

音楽行事

教師の働き方改革

1人1台端末をフル活用した
アクティブな実践が満載。

明治図書

はじめに

　皆様，こんにちは！　こなっしーこと，小梨貴弘です。

　本書をお手に取っていただき，ありがとうございます。

　本書は，私にとって3冊目の単著となります。前作から2年半，新型コロナウイルス感染症によるパンデミックやGIGAスクール構想の実現を経て，初めて出版する本となりますが，この間に起こった様々な出来事は，私にとってもまさに青天の霹靂，教師としての常識を覆す巨大なインパクトとなりました。特に，パンデミックによって様々な教育活動が制限されたことで，今まで子供たちとともに実現してきた様々な音楽活動ができなくなったことには，教師として無力なことに心が病みそうにもなりました。

　しかし，これは日本中の教師が同じように行動されてきたことですが，様々な制限によってできなくなってしまったことにいつまでもくよくよしているのではなく，「今」を生きる子供たちのために何ができるのかを，今まで以上に必死になって考え，実現してきたように思います。学校が臨時休校になったときは，家庭にいる子供たちと何とかつながることができないかと頭をひねり，オンラインでの遠隔学習にも取り組みました。また，GIGAスクール構想により1人1台端末が配付されてからは，制限されている楽器の代替物としてアプリを活用したり，録音機能を使って学校と家庭の分散学習を進めたりもしてきました。

　こうした取組の一つ一つは，我々教師が様々な制限がある中で何とか学びを前進させようと苦し紛れに行ってきたアクションですが，今から考えれば，それらは全て令和時代のスタンダードとなる，音楽の新たな学び方を創り出していた，ともいえます。パンデミックによる教育活動の制限は悲しむべきことでしたが，逆にプラスに捉えるならば，昭和時代から続いてきた「学校音楽教育のマンネリズム」を見つめ直し，新しい価値を見いだすきっかけになったとも思うのです。

本書は，令和の日本型学校教育のスタート，そして感染症によるパンデミックを経て，私が日々思い悩みながらも，「今を生きる子供たちのために，何ができるか」を考えて起こした様々なアクションの記録です。50に及ぶアクションの中には，皆様がこれからの音楽の授業を考えていくうえで必要だとお感じになるものがあろうかと思います。

　逆に，本書に記されているアクションのうち，パンデミックが急拡大していた中で行われたものについては，平時には必要ないと感じられるものもあるかもしれません。しかし，パンデミックがまだ十分に収束したとは言いきれない中，また，世界情勢の急激な変化で日常生活においても先が見通せなくなってきている中で，これら非常時におけるアクションも，まだまだ知識として必要なものであり続けるのではないかと思います。

　先ほど「思い悩みながら」と書きましたが，まだ誰も経験したことがない新たなアクションを起こすことは，とてもワクワクすることでもありました。本書を手に取ってくださった皆様が，それぞれの学校でワクワクしながら，令和時代の新しい音楽授業づくりのアクションを進めていただければ幸いです。

小梨　貴弘

　本書に記されている様々なアクションについてのより詳細な情報や最新の情報を，私が主宰している音楽教育情報サイト「明日の音楽室」でも掲載しています。ぜひこちらのサイトも合わせてご覧いただき，お役立てください（p.78の「コラム」で詳しく紹介しています）。

「明日の音楽室」

https://www.ashitano-ongakushitsu.com

CONTENTS

COLUMN 01

第 **3** 章　オンライン学習実現に向けた アクション

COLUMN 02

第**4**章　学びを進める感染症対策アクション

第**5**章　音楽行事継続に向けてのアクション

第 6 章　音楽教師の働き方改革 アクション

おわりに

第1章

新しい音楽の学びを創る
アクション

01 VUCA（ブーカ）時代の 学校音楽教育を考える

予測困難な時代を生きる子供たち

　皆さんは今の子供たちが大人になる10年後，20年後の世界の様子を思い浮かべることができますか。おそらく多くの方が「わからない」「想像もつかない」とお答えになるはずです。少子高齢化の拡大や AI の普及による社会インフラ・産業構造の変化，さらには自然災害の増加，感染症の蔓延，世界を巻き込む戦争の勃発と，私たちが経験したことがない様々な変化や出来事が続くことで，未来を予測することがますます困難になってきました（このように先が見通せない混沌とした現状は，Volatility 変動性・Uncertainty 不確実性・Complexity 複雑性・Ambiguity 曖昧性の頭文字をとって「VUCA…ブーカ」の時代と呼ばれています）。

　こうした世界情勢の中で，未来の社会を支えていく人材を育てていこうというのですから，現在の学校教育が背負うミッションはとても困難で，しかも少子化が進むだけに，その責任は重大であるといえるでしょう。

令和の日本型学校教育の始まり

　そんな VUCA の時代をたくましく生きる人間の育成を目指し，日本で始まったのが「令和の日本型学校教育」の構築を目指す国家プロジェクトです。「個別最適な学び」と「協働的な学び」を一体的に充実させ，「主体的・対話的で深い学び」の実現に向けた授業改善を図るなど，直面する様々な教育課題に柔軟に対応できるよう，学校教育の質的改善を図ることが大きなねらいです。この国家をあげた巨大プロジェクトによって，日本の学校教育は今，明治の学制以来の大きな転換期を迎えているといえます。

目に見えない「心」の力

　では，このように目まぐるしく変化する社会や学校において，これからの学校音楽教育はどのような役割を果たしていくべきなのでしょうか。私は，音楽の学びには，音楽そのものの知識や技能を身につけることのほかに，決して点数や IQ などで数値化することができない，「心」の力を育むという重要な役割があると考えています。

　人が混沌とした状況でも冷静さを保ち，聡明な判断をしていくためには，「心」が平穏であることが欠かせません。そして，どんな逆境にも耐えられる強い「心」も必要です。このような心の力を「非認知能力」と呼びますが，人間が社会生活を営むうえで欠かすことのできない能力として，大きく注目されています。そして，その育成には幼少期の音楽の学びが大きく貢献することが，様々な研究で明らかになってきているのです。

音楽の授業で育まれる「非認知能力」

　音楽の授業では，児童生徒一人一人が主体的に演奏しながらも，周囲の音を聴きながら合わせて演奏しようとする思いやりや協調性が求められます。また，楽曲を演奏するためには，繰り返し粘り強く練習する忍耐力や，自分の感情をコントロールしながら演奏を最後までやり抜く集中力も必要でしょう。「心」が実体として見えないように，こうした力は数値として表れるものではありませんが，こうした能力が生きていくうえで必要なことは，誰もが感じることでしょう。

　このように，音楽の学びを通して育まれる「非認知能力」は，これからの時代を生き抜く全ての子供になくてはならない汎用的能力であり，学校音楽教育はその育成のための大きな一翼を担っているといえます。時代や社会の要請によって学校教育がどんなに変貌を遂げようとも，豊かな人生を送るために必要な力を身につけることができる教科として，音楽はこれからも学校に在り続けなければならないのです。

02 「学校でともに音楽を学ぶ意義」を考える

歯車が狂った令和の学び

　令和が始まり，早くも４年以上が経過しました。令和２年度からの小学校における新学習指導要領の全面実施をターニングポイントとして，日本の学校教育は新たな一歩を踏み出すはずでした。しかし，新型コロナウイルス感染症による世界的なパンデミックによって，そのロードマップは大きく変わることとなってしまいます。「予測困難な時代」を生き抜く児童生徒の育成を究極の目標に掲げて作成された新しい学習指導要領でしたが，いきなり大きな試練に立たされることになったのです。

　今回のパンデミックによる感染者の発生や予防措置により，多くの学校が休校や学年・学級閉鎖に追い込まれました。また，感染のリスクがあるとされる活動には制限がかかり，教育活動が正常に行えないという状況が現在でも続いています。音楽科に関していえば，歌唱や管楽器の活動が制限され，校内音楽会や音楽集会といった音楽行事が中止となったり，合唱や管楽器のクラブや部活動が活動自粛や休止に追い込まれたりしました。パンデミック前の状態を平時として考えるならば，昭和の時代から長年繰り返し行われてきたことがいきなりできなくなってしまったのですから，現在のこうした状況はまさに異常事態であり，大変憂慮すべき状況が続いているといえます。

身にしみて感じた「学校でともに学べる有り難さ」

　パンデミックによる休校措置などにより，子供たちが学校に登校できない状況がしばらく続きました。このことによって，学校に足を運んで友達や教師と出会い，ともに学べることがいかに幸せなことなのか，多くの子供たち

が感じたと思います。また，校内の音楽活動の制限が長引く中で，みんなで一緒に歌えたり管楽器を演奏できたりすることが，実はとても貴重な経験であることにも気づいたでしょう。

　音楽を個人的な習い事として楽しんでいる子は少なからずいます。しかし，音楽をごく自然にみんなで楽しむことは，やはり学校でしかできないことです。感染が収まり，学校で歌ったり，演奏したりすることができるようになったとき，多くの子供たちが音楽を学ぶことの意義や音楽をともに学ぶ喜びを実感できたのではないかと思います（私は，感染が収まり，久しぶりに「今日は声を出して歌っていいよ」と言ったときの子供たちの歓声と笑顔を忘れることができません…）。

学校の存在価値を高める「音楽」

　「令和の日本型学校教育」の推進によるタブレットの普及やオンライン授業の実施などによって，学校における「個別最適な学び」は大きく前進することとなりました。様々な事情によって学校に行けない子供たちにとって，学校にいるときとほぼ同じように教育を受けることができるようになったのは，公教育の大きな飛躍であるといえます。

　しかし，健やかな人間形成に必要な学びの形態として「個別最適な学び」とともに重要なのが，本物を味わう実体験と，人と人とのふれ合いによる「協働的な学び」です。人々がわざわざ学校に行って学ぶ理由があるとするならば，それはまさにこれらが実現するからなのだと思います。そう考えると，様々な実体験と多くの協働的な学習活動によって目標が達成される音楽の授業は，学校で学ぶ意義を最も感じ取りやすい授業であるといえるでしょう。

　知識の獲得手段が増え，学校の存在意義すら問われる昨今ですが，音楽は学校そのものの存在価値を高める「なくてはならない教科」である，ともいえるのです。

03 「音楽授業に ICT を 取り入れる理由」を考える

音楽の学び方は時代とともに進化する

有史以来，私たちは人類の文明の象徴である音楽を学問として捉え，人々が集う学校でともに学んできました。音楽の美に迫る様々な活動を通して，人生をより豊かなものにする，という音楽の学びの目的は，どんなに時代が変化しても変わることはないでしょう。

しかし，音楽を学ぶ目的が不易のものであったとしても，学ぶための手段は流行のものであり，時代とともに進化を遂げるべきものです。音楽に関していえば，レコード，カセットテープ，CD と，人々はよりよい音で音楽を聴くための様々な機器を学ぶ手段として用いてきました。音楽の授業に ICTを取り入れるということは，その時代の最先端の技術を用いて音楽の美に迫るという，今まで様々な時代で繰り返してきた「音楽の学ぶ手段」の一進化にすぎないのです。

ICT が音楽の学び方の幅を広げる

では，ICT 機器が加わることで，音楽の学び方がどう変わるか，なのですが，ICT は音楽の聴き方に変化を加えるだけでなく，音楽活動全般にわたって様々な進化をもたらすツールであるといえます。具体的に音楽授業の主な活動は，ICT が加わることで次のようなことができるようになります。

①歌声や楽器の音色に親しむ，音楽をつくる
従来の楽器にバーチャル楽器や作曲アプリなどが加わることで，学び方の選択肢が広がる。

②**協働的に音楽を学ぶ，演奏する**

　演奏記録のフィードバックやポートフォリオ化が容易になり，子供同士の言語活動が活性化される。

③**鑑賞を通して，様々な音楽と出合う**

　1人1台端末によって，より個のニーズに応じた聴き方が可能になる。

④**音楽の仕組みや演奏方法を理解する**

　様々なデジタルコンテンツを活かし，学習の効率化を図ることができる。

　上記の変化を見てわかる通り，ICT を取り入れることによって，今までの学習活動そのものが変わるわけではなく，＋αによって学び方の選択肢が広がったり，より効率的に学んだりすることができるようになる，と考えるとよいでしょう。

ICT の活用は目的ではなく，あくまで「学ぶための手段」

　「ICT 機器」と聞くと，冷たく寒々しいイメージをもたれる方がいるのではないでしょうか。それらを音楽の授業に取り入れることは，温かい心をもった人間がする音楽活動とは相容れないものだと考える方もいるでしょう。

　確かに，こうした機器を使うことそのものが目的化されるなら，おそらくその授業は寒々しいものになります。機器から発せられる音や音楽，あるいは子供たちが記す言葉自体が学びの目的に必要なのであり，機器の冷たさを感じるような複雑な操作や取扱いの煩雑さで，子供たちが音楽に寄せる関心や，学びへの熱意を削ぐようなことがあってはならないのです。

　授業に ICT 機器を用いる際は，機器を使いこなす先にある「学ぶ目的」を常に意識することが大切です。どんなに ICT 機器の活用が進んだとしても，それは学ぶ目的のための一手段にすぎず，活用そのものが目的化することがないように，注意を払わなければならないのです。

04 音楽の学びをアップデート ＆クリエイトする

　先に述べたように，パンデミックは学校音楽教育に深刻なダメージをもたらしました。しかし，今回の出来事は単に災いをもたらしただけではなく，我々教師の必死の努力によって，音楽の学びを前進させ，大きくアップデートさせることにもつながっている，とも感じています。

　歌えること，楽器が演奏できることといった，技能偏重型の授業では立ちゆかなくなり，自分の思いや意図をどのように表現に結びつけるか，あるいは音楽を聴いて気がついたことを，思い浮かんだイメージとどう結びつけて考えるか，といった，音楽的な見方・考え方を働かせる過程を重視する授業への転換が進みました。また，学級閉鎖などによるオンライン授業の実施や，GIGA スクール構想が急遽前倒しされ配備された１人１台端末の活用によって，音楽科における ICT 機器の活用率が上がり，必要に迫られてとはいえ，教師のスキルも向上することとなりました。

　これらは，今回のパンデミックがなければ，おそらく何倍もの時間をかけてゆっくり進んでいくことだったと思います。しかし，それでは劇的に変化を遂げる社会に追随していくことができず，昭和時代からのマンネリズムから抜け出せないまま，教科の陳腐化が進んでいたでしょう。音楽科にとってはまさに青天の霹靂というべき事態でしたが，持続可能な教科にするために必要なアップデートだった，ともいえるのです。

学びのアップデートのために不可欠な「教師の意識改革」

　また，この難局を乗り切り，音楽科を持続可能な形で未来に残していくためには，まず携わる教師自身が，意識改革（マインドチェンジ）を行う必要があるでしょう。私は，今後学校で音楽に携わる教師が教育活動を進めるうえで意識しなければならないキーワードとして「程よく」「時間内に」「効率的に」の３つが挙げられると考えています。

　まず，「程よく」ですが，今までは「子供の可能性は無限大である」「より高い音楽表現を目指して」などというのが我々教師を駆り立てる魔法の言葉でした。そのためなら，時間を惜しまずに取り組むのが教師のあるべき姿と思われてきました。しかし，そのような度を超えた教師の行動はもはや正しく評価されない，場合によっては疎ましく思われる時代となりつつあります。今後は教師が子供たちの可能性や音楽の崇高さは十分認識しつつも，いかに「時間内に」「効率的に」教育活動を進めることができるかが重要となります。そして，子供たちにある程度の充足感，達成感を味わわせながら，「さらに学びたい」という意欲をもたせて，上級学年や上級学校に送り出す必要があるのです。学校音楽行事や部活動などについても考え方は同じです。それらの教育効果や必要性は，保護者や地域からも十分認識されているとは思いますが，持続可能な行事や活動にするために，上記のような教師の活動指針に対して理解を求める必要があるでしょう。

　一時的には，活動や出来上がる音楽のクオリティが下がるかもしれませんが，長い目で見れば，「程よく」緩さをもった行事や活動であることが，それらを持続させるために必要なことであると理解されます。

　子供も教師も，心に余裕をもって穏やかな気持ちで音楽と向き合える…そんなゆとりのある教育活動を目指していくことが，音楽科の活動を持続可能にする大きなヒントなのではないでしょうか。

やっちゃえ，令和の学び！

GIGAスクール構想によって1人1台端末が配付されたことを「大変だ」と感じているのは，扱う子供たちではなく，我々大人たち，特に指導に当たる教師だけだと思います。このツールを使って教わったり教えたりする，といった経験が自分自身にまったくないのですから，不安になるのは当然といえば当然です（おそらく，明治初期の教師が筆の代わりに鉛筆の使い方を教えるのと同じ感覚だと思います）。また，教師が多忙を極める中で，新しいものを受け入れにくいマインドに陥っている，ということもあるでしょう。

逆に，このことを極限までポジティブに捉えるならば，タブレットを活用した学びは誰も経験したことがなく，今までの型にはめられて評価されることがないので気楽に取り組める，と言うこともできます。教師の誰もが，今まで積み重ねてきた経験を活かしながら，新しい学びをクリエイトすることができるのです。このことにワクワクするか，ドキドキするか，あるいはそれ以外か…は捉え方次第ですが，ポジティブに捉え，少しずつでも挑戦して経験を積み重ねていく方が，おそらく幸せな気持ちでこれからの教師人生を歩むことができるでしょう。

ついこの間まで，私の勤務する学校の職員室に貼ってあったスローガンは「やっちゃえ，東小！」でした。どんなに失敗な授業だったと感じたとしても，それら一つ一つの経験が，後によりよい授業を生み出すための礎となっていきます。令和の新しい学びを築く担い手として，まずは教える教師自身がマインドチェンジを果たし，失敗を恐れずに新しい授業づくりを"やっちゃって"みてはいかがでしょうか。

05 学校音楽教育 SDGs〜未来の学校に音楽を残していくために

音楽を持続可能な教科にするための "17の目標"

　今まで，これからの学校音楽教育に必要となるであろう様々な考え方について述べてきました。この章の締めくくりとして，国連サミットで採択されたSDGs（持続可能な開発目標）になぞらえ，学校における様々な音楽活動が，持続可能な形であり続けるための17の目標「学校音楽教育 SDGs」を考えてみました。これはあくまで私の経験や知見に基づくもので，決して絶対的なものではありませんが，それぞれの学校でよりよい音楽教育活動を維持していくための参考にしていただければと思います。

＜授業づくりに関して＞

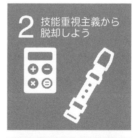

＜音楽の諸活動・行事に関して＞

＜学習環境に関して＞

＜音楽に携わる教師に関して＞

第2章

タブレット活用の
アクション

06 音楽授業を支える 4つの Web サービスを使いこなす

　パソコンやタブレットにはアプリをインストールしないと必要な作業ができない，と思っている方はいらっしゃいませんか。実はそのような方法はすでに過去のものとなりつつあり，アプリはインターネット上に存在し，パソコンやタブレットの種類に関係なく，どの端末からも同じ  ように操作できるようになる，という方法が主流になってきています。

　今まで学校のパソコンは「アプリを勝手にインストールできない問題」に悩まされてきました。たとえ優秀な無料のアプリであっても，管理者の許可がないとインストールできず，現場ではその手間の多さに導入を躊躇してきたのです。しかし，インターネット上に存在する様々なアプリが，パソコンやタブレットに標準でついてくるブラウザアプリのみで動作するようになることで，アプリ導入への垣根が下がり，利便性が大いに高まります。

　また，昨今の GIGA スクール構想の実現により，国内ではインターネット上で扱える様々な教育系や音楽系のアプリやサービスが増えてきました。音楽の授業でも，こうしたインターネット（Web）上に存在する様々なサービスを上手に活用することによって，タブレットの活用範囲を大幅に広げることができるのです。

　音楽の授業で活用できる Web サービスは，大きく分けて次の4つのカテゴリーに分類されます。

Web アプリケーション

　ブラウザアプリでアクセスするだけで，様々な機能が使えるようになるサイト。バーチャル楽器アプリやボイスレコーダーアプリ，音源加工アプリなどがあります（厳密には以下の LMS や授業支援システムも Web 上で動作する「アプリケーション」ですが，ここでは使い方によって分けて記載しています）。

LMS（Learning Management System）

　端末を購入することで使用できるようになる，OS（オペレーティングシステム）をつくる企業が独自に提供する学習支援サービス。「Google Classroom」「Microsoft Teams」などがあります。

授業支援システム

　様々な教育系企業が提供する有料の教育 Web サービス。思考ツールや学習者管理など，各企業が様々な独自機能を開発してしのぎを削っています。「ロイロノート・スクール」「ミライシード」「スライクラウド」などがあります。予算や方針などによって，自治体ごとに導入の有無には差があります。

既存の Web コンテンツ

　インターネット上に元々存在する，様々な映像や音声，画像，文献などのコンテンツ。それらを扱うサイトとして「NHK for School」「YouTube」などが挙げられます。インターネット上にはこうした教材性の高いコンテンツも多く存在しますが，同時に著作権や公序良俗に反するようなものもあり，その閲覧の範囲は自治体や学校の方針によって違いが生じています。ただ単に「禁止」にするのではなく，目的のために有益なコンテンツを見極める目と正しく扱おうとする姿勢や環境（デジタル・シティズンシップ）を学校全体で醸成していくことが求められます。

07 授業でタブレットを活用する ①歌唱編

タブレットを歌唱の活動で用いる場合，次のような方法が考えられます。

録音・録画によるフィードバック,ポートフォリオ化及び評価への活用

タブレットに標準装備されているカメラやマイク，録音・録画アプリを使って歌唱の様子を録画（録音）することで，子供たちはそれらを再生してフィードバックに用いたり，ポートフォリオ化したりすることができます。また，記録した映像・音声ファイルは，授業支援システ

ムなどを介して教師に提出することで，評価資料として活用することも考えられます。音楽会や合唱祭に向けての取組の際には，パート練習や全体合唱の様子を記録し，視聴することで，互いに意見を出し合いながら演奏の完成度を高めることにも利用できるでしょう。収録方法としては，

①三脚を用意してタブレットを固定する。
②友達とペアを組んで互いに録音や録画をする。
③記録係を決め，その児童生徒のタブレットで記録する。

などが考えられます。歌う様子を自分で録音・録画する場合，最初は恥ずかしくてなかなか本来の力では歌えないものです。手拍子やリコーダーなど，簡単な演奏の記録から始め，自分の演奏を記録することに慣れてきてから歌唱の記録に取り組むとよいでしょう。

Web アプリ「ボーカル リムーバー」を使った歌声の編集

　「ボーカル リムーバー」は，自分で録音した音や既存の音源を加工，編集することができる Web アプリケーションです。音源のピッチや速度を変更したり，一部分の切り取りやコピーができるなど，多才なアプリなのですが，歌唱で特に使える機能として，音源に含まれる「歌声」と「伴奏」を切り離して別な音源ファイルを生成したり，カラオケ音源と自分の歌声を合成したりすることができる，というものがあります。無料では時間内にできる作業の回数に一部制限がありますが，十分実用的であるといえます。

＜優秀アプリ紹介＞

ボーカル リムーバー

https://vocalremover.org/ja/

ホワイトボードアプリや授業支援システムを活用した「曲の魅力」探し

　学級で何か一つの歌唱曲を取り上げる際，曲のどの部分が一番心に響いたのかを Google Jamboard やロイロノート・スクールといったホワイトボードアプリや授業支援システムで記録し，一覧表示して学級全員で共有する，というのも曲全体の

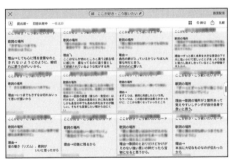

魅力に迫る面白いアプローチの一つです。子供たちが選ぶ場所は一箇所に限らず，Ａメロ，Ｂメロ，サビの部分など様々なのですが，その選び方も「歌詞がよいから」「旋律が素敵だから」「女声と男声の重なり合う響きがきれいだから」と様々です。同じ場所を選んだ者同士が集まり，感じ方の共通点や違いからその多様性を知る，という活動は，曲そのものの魅力を学級全体で共有し，歌う意欲を喚起するよいきっかけとなるでしょう。

08 授業でタブレットを活用する ②器楽編

タブレットを器楽の学習活動で用いる場合，次のような方法が考えられます。

演奏シーンの録音・録画によるフィードバックや評価への活用

楽器演奏の場合でも先ほど歌唱編でお話しした同じ方法で，自分の演奏を記録して活用していくことができます。金管楽器など音量の大きい楽器やリコーダーなどの高音域の音色を記録する場合は，音が歪まないように，録音レベルが調整できる場合には調整して記録するとよいでしょう。また，録画（録音）したファイルは，「マイフォルダ」「ミュージック」「ムービー」といったフォルダに格納されますが，それらを選択して Google Classroom や Microsoft Teams あるいは各授業支援システムに提出（アップロード）することで，学級全体でその演奏を共有したり，教師が評価のために活用したりすることができるようになります。

「バーチャル楽器 Web アプリ」を活用した学びの補填・充実

タブレットの画面をピアノの鍵盤や打楽器の鼓面と見立て，指で触って音を出す「バーチャル楽器アプリ」は，音楽の授業においても，活用の可能性を大いに秘めているといえます。特に最近は，端末にアプリをインストールする必要がなく，どの端末でも使用できる「Web 楽器アプリ」の開発が盛んに行われるようになっており，すでに実践された方も多くいらっしゃるのではないでしょうか。

授業で使えそうな Web 楽器アプリとしては，階名つきの鍵盤やギター，ドラムセットといった，子供たちでも扱いやすいバーチャル楽器を一通り楽しめる「Musicca」や，様々な楽器の音色を鍵盤で出すことができる「オンラインピアノ」などがあります。これらはそれぞれ無料で利用できるのでとてもお薦めです（ただし，インターネット環境は必須）。また，こうした楽器アプリは端末1台1台から音を出すことになるので，ヘッドフォンやイヤフォンの準備は必須となるでしょう。

　Web 楽器アプリの性能は日に日に進化しており，便利なものではありますが，本物の楽器の音色や響きには到底及ぶものではなく，本物の楽器が十分活用できる環境がある場合には，そちらを優先するのは当たり前のことです。こうしたアプリは，例えば，感染症の流行などにより校内で管楽器が使用できないような場合，あるいは，演奏する楽器を全員分揃えることが困難な場合（ドラムセットや箏など）に，本物の楽器を体験するための補完的なものとして用いることで，ポテンシャルを発揮するのだと思います。

　また，現段階ではこうしたバーチャル楽器の演奏を持って，演奏技能などの評価をすべきではないと思いますが，将来的にはこうしたタブレットで使用することに特化した新しい楽器が開発されるかもしれません。そんな楽器による演奏を評価する…そんな時代が今後訪れる可能性は十分にあり得ます。

＜優秀アプリ紹介＞

Musicca

https://www.musicca.com/jp/tools

＜優秀アプリ紹介＞

オンラインピアノ

https://onlinepiano1.com/ja/

---

09 授業でタブレットを活用する ③音楽づくり編

　インターネット上は，音楽制作のためにつくられた様々な Web アプリが開発されており，一部は無料で使えるものもあります。しかし，小中学校の授業で使えそうなものとなると，まだまだ限られているのが現状です。音楽づくりの授業で手軽に使える Web アプリが，今後どんどん増えていくことが待ち望まれるところです。

音楽づくり Web アプリの代表格「Chrome Music Lab」

　無料で使える代表的なものには Google 社の音楽あそびツール集「Chrome Music Lab」があります。音や音楽といわば戯れながら，音楽を創造する楽しさを味わうためにつくられたこのツール集は，実に個性的な14の Web アプリで構成されています。その中でも「Song Maker」は，音高や時間を軸とする表の中に，階名で色分けされた音のパネルをタップして当てはめていくことで，パネルを入れた部分だけ音を鳴らすことができるという実に直感的なアプリです。ある程度の作曲・演奏機能を備えているということもあり，授業で最も扱える可能性が高いアプリであるといえます。

　ただ，直感的であるがゆえに，何も条件を与えなければ子供たちはいわばお絵かきのように音を並べ始めます。本来は，こうした行為によって偶然的にできる音楽を楽しむためのアプリなのですが，授業で使おうとするとあまりにも作品が多種多様となるため，評価することが非常に困難になります。ですので，この Song Maker を利用する場合は，以下のようなポイントに留意し，ルールや流れ，形態を明確に示しながら授業を展開していくとよいでしょう。

Song Maker を授業で活用する際のポイント

＜使用する目的や意図を明確にする＞

　題材の目標を達成するための有効な手段になり得るのか，なぜこのアプリを使う必要があるのかをまずしっかり吟味する必要があります。

＜学習内容に基づく「ひな形」をつくり，それをベースに創作する＞

　音階，小節数，速度，拍の分割などをあらかじめ設定した「ひな形」を子供たちに配付し，そこから活動をスタートさせると，全員の音楽づくりの方向性が揃ってきます。教師がひな形をつくったら，生成される作品リンクをコピーして，Google Classroom や Microsoft Teams の「課題」などに貼りつけて子供たちに提示するとよいでしょう。

＜学習のための「条件設定」を明確に行う＞

　教師が提示した音楽づくりのための条件を理解して音を配置しているかが，評価する際の一つの判断基準となります。こちらが与えた最低限の条件をクリアしていれば「Ｂ」，様々な条件をきちんと理解して音を配置していれば「Ａ」，のように評価規準をあらかじめ設定しておくとよいでしょう。

＜作品を保存・共有し，よさを話し合う時間を設ける＞

　こうした創作活動はどうしても個人作業になりがちです。作業の合間に，どんな意図で作品をつくったか，あるいは，作品を聴いた感想などを言葉で交流する時間を設け，対話により学びを深める時間を確保するとよいでしょう。

　なお，拙作 HP「明日の音楽室」に，Song Maker でつくった実践を紹介しています。授業で使用した「ひな形」へのリンクもありますので，ぜひご参照ください。

10 授業でタブレットを活用する ④鑑賞編

タブレットが，鑑賞の「学び方の選択肢」を広げる

　音楽授業の中で，子供たち一人一人がタブ
レットを用いたことによる学習効果を一番よ
く実感できるのは，おそらく鑑賞活動のとき
です。それは，タブレットを用いることで，
鑑賞活動における学び方の選択肢を増やすこ
とができるからです。

　今までの一斉聴取型の授業では，音楽を聴く→言語活動をする→音楽を聴
く→言語活動をする，といった活動サイクルの中で，学級やグループごとに
「みんなが同じタイミングで楽曲を聴き，一つの同じ課題について考える」
という学習方法が一般的でした。楽曲のある部分に差しかかったときに，誰
かが「あっ，ここもう一度聴きたいな」と思っても，ほとんどの場合，その
思いは無視され，集団全体の意向のもとに音楽を通して聴くことしかできな
かったのです。集団で音楽を聴いてそのよさをその場で語り合う，という活
動も当然必要なのですが，タブレットの活用が加わることによって，さらに
個人の学習ペースやニーズに応じた鑑賞活動，すなわち，鑑賞における「個
別最適な学び」のための環境が整うのです。

タブレットで鑑賞の「個別最適な学び」を実現する

　例えば，何か一つの楽曲を全員で聴取するとします。楽曲の中で「ここが
よい！」と思う部分は，一人一人異なるはずです。タブレットを用いて各々
が個別に聴取できるようにすると，ここがよいと思った場所を何度も何度も

繰り返し聴きながら，なぜそう感じたのかを音楽の特徴から見いだす，といった活動ができるようになります。また，一つの楽曲の異なったアーティストによる演奏音源をいくつか用意し，その中から一つ，心に最も響いた演奏を探し出し，なぜその演奏を選んだのかを繰り返し聴きながら考える，というような活動も可能となります。子供たち一人一人が，各々の感じ方に基づいて，より深く音楽を味わうことができるようになるのです。

一覧表示機能の活用や会話によって得た知識を，次の学びに生かす

また，音楽を聴いて気がついたことや感じたことなどを，Google Jamboard や授業支援システムなどを使って一覧表示させたり，実際の会話で意見交流を図ったりすることで，子供たちは音楽を聴いたとき

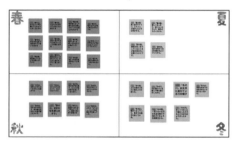

の感じ方は人それぞれであることや，自分と違った（同じ）感じ方をした人の考えを知ることができます。そして，様々な考えから得た知識を次の活動に生かしていくなど，学びをより深めることができるのです。

このように，鑑賞活動における「個別最適な学び」と「協働的な学び」それぞれの場面で活躍するタブレットは，鑑賞の学びの質を大きく高める可能性を秘めているといえます。子供たち一人一人がヘッドフォンを用いて個別に鑑賞を始めると，全員が音楽活動を進めているにもかかわらず室内が静まり返る，という異様な光景に包まれます。

しかしそこでは必ず，子供たち一人一人が音楽から何かを感じ取り，価値を見いだそうとする主体的に学ぶ姿を垣間見ることができるでしょう。タブレットを使った様々な鑑賞の実践が行われ，浸透していくことによって，音楽を聴くことの楽しさや醍醐味を知る子供がさらに増えることを期待したいものです。

11 授業でタブレットを活用する ⑤音楽行事練習編

タブレット活用で，音楽行事への主体性を引き出す

　1人1台のタブレットは，音楽行事に向けた子供たちの練習の仕方にも変革をもたらします。今までの音楽会や合唱コンクールに向けた練習における視聴覚・ICT機器の活用といえば，授業中にパート練習でCDを使って音源を流したり，自分たちの歌声や演奏を録音するためにCDラジカセやICレコーダーを活用したりする程度でした。また，教師はクラス全員に演奏する楽曲の音源を聴かせるためにCDやカセットテープを人数分作成するなど，手間のかかる作業を行うこともありました（これは著作権的にも非常にグレーな行為でした）。

　そして，練習の進捗状況や感想の記録は，「音楽会練習の記録」といった紙ベースのワークシートを用意して行うのが一般的であったと思います。これらは，1人1台のタブレットが導入されたことにより，より利便性が高く，子供たちの主体性を引き出す形で置き換えることが可能になりました。タブレットを使った代替策には以下のようなものが考えられます。

＜子供たちが音源を聴く→Google Classroom や Microsoft Teams を使って音源を配付する＞

Google Classroom や Microsoft Teams といった LMS（Learning

Management System）を使って音源を配付することで，子供たちは学校・家庭を問わずどこでも音源を聴くことができるようになります（これを実現させるためには，後述する「授業目的公衆送信補償金制度」に加入していることが必須となります）。

＜演奏方法を理解する→演奏方法を記録したり解説したりした映像を作成し，Google Classroom や Microsoft Teams で演奏者に配付する＞

授業中や自宅などで子供たちが個人練習を進める際に，演奏の参考映像を参照することで，演奏内容への理解や上達を早めることができます。実際に楽器を演奏する際に見やすいように，タブレットを置く位置や向きを考慮して撮影するなどの配慮が必要です。

＜自分たちの演奏を記録する→タブレットの録音・録画機能を活用する＞

１人１台端末があれば，学級の誰もが記録者になって練習記録を残すことができます。例えば，パート練習を行う場合，タブレットを操作する人を２名ほど決め，１人が音源を流す係，１人がその都度演奏を記録して Google Classroom や Microsoft Teams などにアップロードし，パート全員に共有する係，という具合に役割分担をするとよいでしょう。

＜練習内容を個々で記録する→ Microsoft Word や Google ドキュメント，ロイロノート・スクールなどで記録する＞

練習記録を言葉で残す場合は，上記のような普段利用している文書作成用ツールを使用して記録していくとよいでしょう。また，楽譜を PDF 化して個々に配付し，それにスタイラスペンで直接書き込んで記録していくという方法も考えられます。作成したドキュメントは最終的に教師に提出し，評価の参考にするようにします。

12 音楽室のインターネット環境を把握する

「先生，このパソコン，遅くてつながらないよ！」

音楽の時間にこんな不満を訴えてくる子供はいませんか。タブレットを活用した授業を計画しても，いざ使い始めてみるとネットにうまくつながらず，授業の流れが滞ってしまい，冷や汗をかいた…そんな苦い経験をされた先生も多いのではないでしょうか。

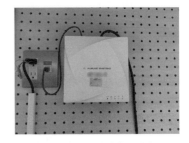

GIGA スクール構想によって整備された1人1台端末は，授業に活用できる様々な機能をインターネット環境に依存しています。端末の種類によってはその環境がない場所ではただの箱同然に機能が制限されてしまうものもあり，タブレットを最大限活用するためにはインターネット環境は必須であるといえるでしょう。しかし，GIGA スクール構想の整備状況を見るに，子供たちが使用する端末こそ整備されたとしても，肝心なインターネット環境が脆弱であるという学校がまだ多いように思います。中には，音楽室のような特別教室のインターネット環境の整備を後回しにすることもあるようで，子供たちが活動する全ての教室への速やかな整備が求められるところです。

防音完備の音楽室は電波が届きにくい?!

また，音楽室はその構造ゆえにインターネット回線の無線電波が届きにくい，ということもあるようです。一般教室の場合，その教室の回線のキャパシティがいっぱいになったとしても，両隣りの教室の回線電波をうまく貸し借りしながら，ある程度のスピードを維持することができるそうです。しか

し，音楽室は一般教室から離れている場合が多く，また，壁が防音構造になっているため，隣の教室の電波を融通してもらう，ということができづらいのです。

　音楽室内に設置されるアクセスポイント（前ページの写真のような機器）の状況が学級全員分のデータ転送速度を左右しますので，定期的に点検してもらうなど，最良の状態を保てるようにするとよいでしょう。なお，音楽室内のインターネット環境の通信速度は，パソコンなどのブラウザで「スピードテスト」と検索すると，いくつかのサイトですぐに調べることができます。計測してあまりにも通信速度が遅いようなら，管理職に相談して改善してもらうようにしましょう。ただし，１人しかいないところで計測しても，40人近くの子供たちが一度に通信している状況はわかりませんので，子供たちが音楽室にいて，インターネット環境を使用しているときに計測するとよいでしょう。

焦ると余計つながらなくなる…

　子供たちは，自分のタブレットがネットにつながらなくなると，イライラしながらブラウザに表示された文字などを何度もクリックやタップをして先に進もうとします。しかし，これはその都度端末から読み込みの指示を出していることになるので，40人近い子供たちが同じ動作をすると，インターネット回線に大きな負荷がかかり，ますますつながりにくくなります。このようなつながりにくい状況が起こったときはまず，子供たちにタブレットから手を離すように話し，処理を待つことで状況が改善される場合があります。一度クリックやタップをしたら，別のことに意識を向けさせるなど，イライラさせないように教師が誘導することも大切です。

　また，このような状況になると，結果的に自分たちに不利益が被ることを子供たちに理解させるため，「慌てない，クリックタップは２回まで！」のような標語をつくり，全校的にクリックやタップを減らす取組を進めるのもよいでしょう。

13 タブレットのための授業環境を整備する

　タブレットが児童生徒1人につき1台配付されたことにより，音楽の授業でも活用の可能性が大きく広がりました。タブレットを音楽室で実際に使っていく中で，安全かつ快適に，そして何より授業で効果的に活用するためには，授業を始める前に準備するものや，授業中に留意しなければならないことがあることが見えてきました。

音楽室までの移動→「音楽バッグ」の活用

　音楽の授業の際，音楽室には教室から徒歩で移動することになるのですが，教科書など他の荷物とともにタブレットを素手で持ち運ぶことは，落下などのリスクを高めることになります。教科書やリコーダーなどとともに，タブレットも収納できるようなＡ４サイズ以上のバッグを用意するとよいでしょう。以前から使用していた「音楽バッグ」をそのまま使うのでもよいのですが，より安全性を高めるために，100円ショップなどで購入できるタブレット専用のインナーバッグを用意したり，新しいものを用意するようであれば，バッグの落下に備え，クッション性の高い素材や構造のものを選んだりしてもよいでしょう。

タブレットの使用にヘッドフォンやイヤフォンは必須

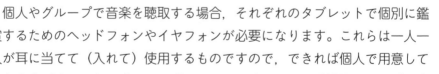

　個人やグループで音楽を聴取する場合，それぞれのタブレットで個別に鑑賞するためのヘッドフォンやイヤフォンが必要になります。これらは一人一人が耳に当てて（入れて）使用するものですので，できれば個人で用意してもらう方がよいでしょう。ヘッドフォンやイヤフォンは100円ショップで売っているものから本格的なものまで様々ですが，耐久性を考えるとある程度

の値段のものを買っておいた方が無難な
ようです。また，グループで共聴して鑑
賞活動を行う場合は，「イヤフォン・ス
プリッター（右の写真）」があると，他
のグループと音が混ざらずに済みます。
1人の音を5人まで同時に聴かせること
ができますし，逆に5人の音を混ぜ合わ

せて1つの音源にすることもできますので，とても便利です。

音楽室に机や椅子がない場合どうするか

　小中学校の音楽室には，机や椅子が設置されていない場合も多いかと思い
ます。これは音楽室でタブレットを使用する場合，一般の教室とは異なり落
下などによる破損のリスクが高まることを意味します。床が木材や絨毯など
で，床に直接座って授業を行っている場合は，あぐらを組んだ足の上に載せ
れば特に問題は起こらないでしょう。また，椅子に座って授業をする場合は，
椅子を机にし，床に直接座って使用する方法や，膝の上に載せて使用する方
法，譜面台に載せてタブレットを輪ゴムで固定して使用する方法などがあり
ます。

　これらには，例えば，椅子の高さや譜
面台の構造，あるいは授業中タッチ操作
あるいはキーボード操作のどちらをメイ
ンに行うかによっても選択が異なってき
ますので，実態に応じて検討する必要が
あります。また，タブレットの活用が授
業時間のほとんどを占めるような場合は，

音楽室ではなく，机がある教室で授業をするというのも，落ち着いて学習に
取り組むための一つの方法でしょう。

14 タブレットのための 学習規律を考える

　皆さんの中には，児童生徒に1人1台貸与されたタブレットを「便利だけれども心配なこともある」とお考えになっている方も多いと思います。それらの端末を使うことは今まで紙の教科書や教材を使っている中では起こり得ない，新たなトラブルの原因になり得ると感じていらっしゃるからだと思います。しかし，このようなことを心配するあまりに，せっかく整備された端末に制限をかけすぎるようでは，本来のポテンシャルを十分引き出せず，教育効果を高めることができません。

「動画投稿サイト禁止」は正しい判断なのか

　例えば，タブレットから直接 YouTube などの動画投稿サイトにアクセスできない状態にしている市町村や学校があるとします。今や文部科学省ですら専用のチャンネルをもち，教材性の高い動画が無尽蔵に投稿されているこの YouTube ですが，「授業中関係のない動画を見そうだから」「害のある情報がありそうだから」といった，性悪説による大人の偏見によって，児童生徒がアクセスすることをできなくしているのです。

　これからの時代には，膨大な情報の中から必要なものを正しく取捨選択し，活用できる能力が重要になってきます（このような能力を「デジタル・シティズンシップ」といいます）。このような情報端末を用いて，情報の正しい取捨選択の方法を学校で学ぶ必要があるのですが，その機会すら与えられていないことには，時代錯誤的なルールであると感じずにはいられません。

ツールを正しく使えるように導くことが「教育」

　教師側から見えない子供たちのタブレットの画面に何が映っているのか，

心配になることもあるでしょう。実際，退屈しのぎに別のことをしてしまうことがあるかもしれません。

　しかし，子供たち自らが，そのような行為に及ぶことでどんなリスクが発生するのかを考え，互いの意見を述べ合いながら，自らの手でルールを構成できるように仕向けていくことが，これからの教師の伴走者としての役割といえます。情報が氾濫する社会の中で，様々な技術やサービスを自ら責任をもってポジティブに活用するデジタル・シティズンシップを養っていくことは，これからの学校教育の重要な役割なのです。

タブレットで「音」を扱う際のルールづくりを

　タブレットを扱う際のルールをどのような形であれ決める場合は，一つの学級だけで決めるのではなく，学年，もしくは学校全体が同一歩調でそのルールを遵守していく必要があります。音楽の授業を専科教員などが行う場合にも，事前に担任教師とルールについての打ち合わせを行い，同じルールのもとで使用するようにします。

　ただ，以下のような項目に関しては，音や音楽を扱う授業での独自のルールとして，子供たちに語りかける必要があるでしょう。

　「ヘッドフォンやイヤフォンを使用する際は，大きすぎない，適切な音量を心がけましょう（音楽を聴きながら先生の指示が聞こえるくらいの音量にします）。また，時々休憩を入れるなどして，大きな音を聴き続けないようにしましょう」

　「ヘッドフォンやイヤフォンを通して聞こえてくる音はあなたにしか聞こえないものです。聞こえてくる音や音楽がきちんと学習に生かせるように，活動前の先生の説明はしっかり聞きましょう」

　「先生がピアノで合図を出したら（人差し指を立てて合図を出したら），次の活動に移る合図です。ヘッドフォンやイヤフォンを外し，先生の指示を聞きましょう」

15 LMS を活用する

LMS の役割

　LMS（Learning Management System…学習管理システム）は，学校と子供たちをオンラインで結び，学習や評価，あるいはコミュニケーションを行うための，いわば GIGA スクール構想の根幹となるシステムです。児童生徒一人一人には教育用アカウントが付与され，個人情報はこのシステムの中のみで管理され，安全に活用できるよう設計されています。

　LMS は，自治体ごとに採用するタブレットを動かす OS や，クラウドサービスに依存する場合が多く，Google Classroom や Microsoft Teams といったコミュニケーションツールを中心に構成されます。おそらくいずれかの LMS について学校で研修を受けたり，実際にお使いになったりしていることでしょう。

音楽科での活用場面

　音楽科の授業においては，以下のような活用方法が考えられます。これらは LMS に共通する基本的機能を利用したものですので，どの端末や LMS でも実現できます。

＜課題を提示，回収，採点する＞

　LMS では，子供たちを年度ごとに所属する学年，学級などに位置づけて管理しています（さらに細分化して班などのグループを指定することもできます）。担任として割り振られた教師は，学級ごとに課題や資料を提示することができます。課題には，後述するファイルやリンクの添付を行うことが

でき，行った課題を回収して採点する機能もあります（専科教員は LMS 内で担任教師と同等の作業ができるよう，事前に便宜上の「担任」扱いとなるよう登録しておく必要があります）。

＜課題に音源などのファイルを添付し，再生する＞

　課題には文書ファイルをはじめ，画像や音源，映像など，様々なメディアのファイルを添付することができます。しかも，音源や映像は課題の中で再生することができるので，音楽の授業ではとても重宝する機能です（ただし，ファイルの容量が大きすぎると，閲覧する側が再生しづらくなるので注意）。これらのファイルにはタブレットを持っていればどこでもアクセス，再生ができるので，授業中のみならず，家庭などでも同じように学習を進めることができます。

＜課題に参照するリンクを貼りつける＞

　課題には，教材となるサイトへのリンクを貼りつけることができます。子供たちがこのリンクをクリックすることで，ブラウザが起動し，リンク先のサイトの内容を閲覧することができます。演奏家などが動画投稿サイトにアップしている映像や，教科書会社が提供している副教材など，インターネット上にある様々なメディアにアクセスできます。

＜課題の回答を音声や映像ファイルで提出する＞

　子供たちは，出された課題に対し，音声や映像などのファイルを添付して回答することができます。この機能を使うと例えば，リコーダーを練習して最後に録音を行い，できた音源ファイルを添付して提出することで，後に教師が確認したり，友達同士で演奏を聴き合ったりする，といった分散学習や反転学習が可能になります。

16 授業支援システムで思考を共有する

思考ツールを積極的に活用しよう

　思考（シンキング）ツールの歴史は長く，紙ベースによる実践は今までも数多く行われてきました（右の画像はロイロノート・スクール）。それがタブレットで使えるようになったことでより身近に扱えるものとなり，頭に思い浮かべたものを視覚的に表し，子供た

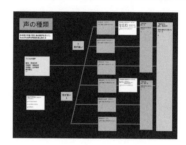

ち相互の思考を活性化させるツールとして注目されています。もちろん，音楽科の授業においても，子供たちが学習活動で行う様々な思考の過程において有効なものとなるでしょう。

　ただ，同時に留意しなければならないことは，思考することのみが目的化するような授業に陥らないようにする，ということです。歌う，演奏する，つくる，聴く…といった様々な音楽活動と，思考したり思考した内容を交流したりする活動とをバランスよく往還させながら，あくまで音楽活動が主体な授業を組み立てていく必要があるでしょう。

学校全体が活用する中での「音楽科の使い方」を考える

　また，思考ツールの活用には慣れが必要ですので，学校全体が積極的に活用に取り組んでいる中でこそ，音楽科の授業でもスムーズに活動に取り組むことができるようになります。学校全体の活用状況を把握しながら，少ない授業時数の中でどのようなツールを，どのような場面で用いれば学習効果が高まるかを慎重に見極め，活用していきましょう。

思考を共有するための「一覧表示機能」が活用のキモ

　思考ツールとして活用できる Web アプリやサービスは様々です。ロイロノート・スクールやスクールタクトといった有料のものでは，「ピラミッドチャート」「くまでチャート」「フィッシュボーン」といった本格的なツールを簡単に使えますし，一部無料や無料のものでは，Google Jamboard のほか，「Padlet」「lino」といったホワイトボードアプリや付箋アプリを用いて，思考の視覚化や整理を進めることができるでしょう。

　大切なことは，思考を整理して言語化したものをどのように他の子供たちと共有するか，なのですが，それぞれのアプリが備えている「各々の思考を一覧にして表示する機能」が鍵を握ります。「提出箱」に各々が作成したカードを提出することで一覧表示できるものもありますし，用意されたボードに各々が考えを記した付箋をリアルタイムに貼りつけていくことで，思考が一覧化されていくものもあります。いずれにせよ，各々の思考を一覧化することで，他人の共感できる考えから自己の考えを強化したり，まったく違う価値観の考えにふれて自己の考えの妥当性を検討したりすることができるのです。授業時間が限られている音楽科では，この「一覧表示機能」で表示した各々の思考を，いかに効果的に次の音楽活動に結びつけていくかが，思考ツールを用いることの肝となるでしょう。

音楽の授業ならでは活用方法を検討する

　アプリの中には，思考をまとめるカードに音源や映像ファイル，Web リンクなどを貼りつけることができるものもあります。こうした機能によって，貼りつけた音楽を聴きながら思考したことをまとめたり，演奏している様子をカメラで撮影し，映像を一覧表示させながら互いに助言し合ったりといった活動も実現できます。様々なメディアを扱えるという機能的特徴を，思考する活動と結びつけながら，音楽の授業ならではの活用方法を検討してみてはいかがでしょうか。

17 タブレットを活用して 学習を評価する

タブレットで記録した演奏を評価に生かす

　タブレットの録音・録画機能によって，表現領域におけるセルフチェックが容易にできるようになりました。しかもそれは場所を選ばず，音楽室や教室といった学校内だけでなく家庭や旅先に至るまで，端末を持ち出せるあらゆる場所で行うことができるようになっ

たのです。これは学校内での活動時間や場所の限られている音楽科にとっては非常に有効な機能であり，昨今の感染症禍での臨時休業時などには，この機能を大いに活用し，自主学習を進めた学校も多いのではないでしょうか。

　この機能を使って録音や撮影された音声，映像ファイルは，各自がサーバーなどに保存してポートフォリオ化することもできますし，様々な学習支援ツールの「提出機能」を活用することによって，教師が子供たち一人一人の演奏をチェックし，評価に活かすこともできます。これらに記録された情報からは，技能の観点はもちろんのこと，表現力あるいは主体的に学習に取り組む態度など，全ての評価の観点において判断する材料にすることができます。

　一つ注意すべき点は，子供たち一人一人が演奏記録を提出する場合，教師がそれら全てをチェックするためには以前よりもかなり時間がかかる，ということです。学期末にため込んで一度に行おうとせず，記録をチェックする時期を分散させるなどの工夫をしましょう。

記録資料の評価への活用はあくまで参考程度に

　本来音楽の演奏活動に対する評価とは，映像や音声の情報だけに留まらず，その場にいることで伝わる空気の振動や演奏者の息遣い，気迫など，演奏に関する様々な事象を総合的に勘案して判断されるべきものです。タブレットの機能がいかに優秀になろうとも，こう

した事象の全てを記録できるわけではなく，記録はあくまで「評価の一参考」として扱う，あるいは感染症の流行などによって授業中に評価ができない場合など，非常時における代替的な評価方法と捉えるべきでしょう。

タブレットで入力した文書記録を評価に生かす

　タブレットの導入によって，鉛筆とノートを使用していたときに比べ，文書作成がより手軽に行えるようになりました。キーボード操作が上達することに伴い，子供たちの一定時間内での文章表現量が大幅に増えたと感じます。また，授業支援システムや思考ツールが使用できるアプリなどの活用によって，思考の整理がしやすくなり，さらにそれらが可視化されることによって，互いの考えに刺激を受けながら学びを深めやすくなりました。こうした文章による様々な学習記録は，映像や音声同様にサーバー上に記録することができますので，それらを教師が閲覧できるようにすることで，様々な評価に生かすことができます。

　ただし，これは以前からある課題ですが，文章の量が多かったり，文章表現力が豊かだったりすることが，音楽的な思考力や表現力が優れていることと必ずしもイコールにはならないことには注意を払うべきです。音楽の授業では，あくまで音楽活動を基軸としながら，文章をはじめとするあらゆる表現方法により総合的に評価していくことが大切です。

18 「音楽科年間ICT活用資料一覧表」を作成する

　GIGAスクール構想の実現で児童生徒に1人1台端末が配付されて以来，担当する学年の様々な題材で，少しずつそれらを活用した実践が増えてきていることと思います。うまくいったもの，いかなかったものと，その成果は様々だと思いますが，明治の学校の先生方が，筆が鉛筆に置き換わって何ができるかを考えたように，タブレットを用いた実践を行うのは教師も子供もみんなが初めてなのですから，失敗したことを次の実践に活かせばよいとポジティブに捉えていった方が，気持ちが楽です。

　そして小さな成功を少しずつ積み重ねながら，実践の引き出しを増やしていくためにも，行った実践はきちんと整理した形で記録に残しておくとよいでしょう。そんな実践の記録を残していくうえでお薦めなのが「音楽科年間ICT活用資料一覧表」の作成です。

　この「音楽科年間ICT活用資料一覧表」は，通常の年間指導計画の書式を流用し，表の縦軸には実施時期と扱い時数を，横軸は一番左側に題材名と教材曲名を記します。そして，その右側にはさらに以下のような項目を並べています。

- 「使用タイミング」…題材のどのような場所でICT機器を活用するのかを記した情報
- 「参考Web動画リンク」…その題材で使用できそうな，Web上の資料動画へのリンク
- 「音楽Webアプリ活用」…その題材で使えるWeb上のアプリや，教科書会社の学習者用デジタルコンテンツへのリンク
- 「基本機能・シンキングツール活用」…その題材で活用できるタブレ

ットの基本機能（カメラ，録音など）や思考（シンキング）ツールを
活用する場面の記録

- **「その他のコンテンツ」**…教科書指導書セットに含まれる「授業支援
  DVD」に納められている映像コンテンツなど，Web 上にない資料コ
  ンテンツの情報

　このように，実際の授業で使用したアプリやコンテンツを表にまとめてお
くことで，次に同じ題材に取り組む際に行った実践を想起しやすくなります。
特に，作成した Word ファイルの文字の部分に「ハイパーリンク機能」を
使って映像資料などへのリンクを貼っておくことで，次回はその文字列をク
リックするだけで資料映像にアクセスすることができるのでとても便利です。
　この一覧表は，拙作 HP「明日の音楽室」内から，ある程度の資料情報を
掲載したひな形をダウンロードできます。自由に改変して結構ですので，自
分だけの活用資料一覧表をつくってみてはいかがでしょうか。

音楽科ＩＣＴ活用参考資料（教育芸術社４年）ver20220903

19 学習者用デジタル教科書の これからを考える

音楽の「教科書」はどう進化するのか

　GIGA スクール構想の実現によって，大きく様変わりする可能性を秘めているのが教科書です。子供たちは毎日たくさんの教科書をランドセルや鞄に入れて登下校をしてきましたが，タブレットに収められたデジタル教科書によって，その苦労を和らげる日が近づいています。

　また，デジタル教科書は，紙の教科書では為し得なかった様々な付帯機能を教科書にもたせることができます。例えば，国語の教科書では，物語で重要となる一文をいくつか抜き出し，それらをまとめて表示して自分の考えをまとめる，といったことがデジタル教科書の中だけでできるのです。長時間タブレットの画面を見ることによる健康への影響など，現段階でその使用に関しては賛否両論あるところですが，さらに研究が進んで，子供たちがより安全，快適に使えるような環境が整うことが待たれます。

　音楽のデジタル教科書に焦点を当ててみると，こちらも各教科書会社が競って開発を進めています。教材の楽譜に書き込みをしたり，一部の演奏を聴いたりすることはすでに実現しており，商品化されています。タブレットは元々音や映像を取り扱うことが得意ですので，それらを多用する音楽という教科においては，デジタル教科書はさらに大きなポテンシャルを秘めているといえます。音楽のデジタル教科書によって，紙の教科書では為し得なかった以下のようなことができることは容易に想像ができます。

・歌唱，器楽教材の音源が聴ける（速度，音程の可変機能あり）。
・鑑賞教材の演奏映像，音源を視聴できる（世界地図の一部をタップす

ると映像が開くなど）。

・教科書上で音を鳴らして音楽づくりをする（音要素を入れ替えて続けて再生するなど）。

・教科書上に鍵盤や箏，太鼓といったバーチャル楽器を表示させて，擬似的に体験をする。

　上記はすでに技術的には可能なことなのですが，現在のところいわゆる「大人の事情」によって，なかなか着地点を見いだすまでには至っていません。

デジタル教科書づくりのハードルを下げたい！

　教科書づくりで一番ネックになるのが，著作権です。音源や映像といったコンテンツには，必ず著作者の権利が存在します。著作物を教科書で使用するためにはその対価を支払わなければならず，様々な楽曲を扱う音楽においてはかなりのコストがかかってきます。

　また，デジタル教科書に様々な機能を追加するための開発費にもかなりのコストが生じます。こうしたコストに関しては，教科書を発行する国が税金で負担するものなのですが，現状ではなかなかそこまで予算が回るものではなく，また，それらを可能にする法律が十分に整っている状態ではありません。全ての児童生徒に，全ての機能を備えた音楽のデジタル教科書が配付されるまでには，様々なハードルを乗り越えていかなければならないといってよいでしょう。

　ただ，教科書会社もこの状況に手をこまねいているわけではありません。デジタル教科書を完成形への進化させる追加の諸機能だけを集めた「学習者用デジタルコンテンツ」を，副教材として比較的安価で発売しました。音楽のデジタル教科書のあるべき姿を，現在のタブレットでいち早く実現できるこのコンテンツは，これからの音楽授業のICT化を促すマストアイテムになる可能性を秘めている，といえます。

こなっしーはこう考える！
タブレット活用に関するQ&A

Q．ICT機器を音楽の授業で用いると何が変わるのでしょうか。

A．今まで先人によって築き上げられてきた，歌声や楽器の音色に親しんだり，先人の音楽から学んだり，協働的に音楽をつくり上げたりするといった，「音楽の本質」に迫るための授業づくりには何ら変わりはありません。しかし，そこにICTが加わることで，学習方法の選択肢（アナログ＋デジタル）を増やしたり音楽における「個別最適な学び」や「協働的な学び」を促進したりするというような効果を期待することができます。また，教材や評価をデジタル化して管理することなどによって，長期的に見れば教師の業務負担の軽減にもつながります。

Q．ICT機器を音楽の授業で活用していく中で，心がけなければならないことはどんなことですか。

A．まず，学校の音楽授業では「生（アナログ）」による実体験を基本とすべき，という点を確実に押さえなければなりません。本物の楽器が目の前にあるのならば，まず，その楽器が奏でる音色や響きに耳を傾け，よさに気づかせるべきです。ICTはそのよさを子供たちによりわかりやすく伝えるために使うもの，あるいは，アナログとデジタルとの比較によって，生の音色や響きの美しさに気づかせるためのものと考えるとよいでしょう。

　　また，ICTはあくまで「学びのツール」ですので，授業の目的と手段を取り違えないように注意しなければなりません。ICTを授業の中で扱うこと自体が目的化しないように留意して授業を組み立てる必要があります。

Q. 音楽でタブレットを扱ううえで見えてきた課題には，どんなことがあり
ますか。

A. 音楽の授業でタブレットを活用する前提として，学級や学年，学校全体
としてタブレットの扱い方に関する共通理解が図れているか，また，発達
段階に応じて系統的かつ計画的にスキル向上に取り組んでいるか，という
ことが重要であることが見えてきました。授業中にルールを守り，学習に
必要なアプリを適切に操作することや，キーボードを用いて思ったことを
正確に素早くタイピングしていくことは，音楽の授業だけではなく，全て
の教科のあらゆる活動で意識的に行われてこそ成し得ることです。「情報
部」といった校務分掌を中心に全職員で話合いを行い，学校ぐるみでこう
した基盤整備に取り組むとよいでしょう。

Q. 配付されたタブレットでは，できないことが多すぎます。何とかならな
いでしょうか。

A. こうしたお悩みをもつ方の中には，「タブレットの中に何も使えるアプ
リがない」とお考えの方もいらっしゃるのではないでしょうか。これは，
従来のパソコンでは当たり前だった「パソコンにアプリをインストールす
る」という概念があるからなのだと思います。現在子供たちが使っている
タブレットのほとんど（特に Chromebook）は，このように本体にアプ
リをインストールするということはあまり想定しておらず，インターネッ
ト上にある「Web アプリケーション」にアクセスして作業をすることを
前提としています。ですので，タブレット本体だけではただの箱のような
もので，インターネットに常時接続してこそ，その真価を発揮するものな
のです。インターネットに接続するだけで使用できる Web アプリケーシ
ョンは，年々増えてきています。それらの全てがまったくアクセスできな
い，ということはないと思いますので，探してみてはいかがでしょうか
（本書の pp.70-71「既存コンテンツを活用する　② Web アプリ編」もご
参照ください）。

COLUMN 01

こなっしーの学校＆音楽室探訪

現在勤務している「戸田市立戸田東小学校」は，令和３年度より戸田東中学校を併設した新校舎に移行しました。新校舎は ICT 活用など最新の教育技術を積極的に取り入れている戸田市が，令和の日本型学校教育を推進するためのフラッグシップ校とすべく，最新鋭の ICT 機器を整備したものになっています。

各階に小学校用，中学校用，共用と３つの音楽室があり，各教室の特徴を生かして中学校と融通しながら活用しています。音楽室をはじめ全ての教室にはホワイトボードと壁面常設型のプロジェクターが設置されており，専用ペンで画面に書き込んだり，パソコンと接続してファイルを表示させたりすることができます。

小学校が通常使用する音楽室は，合唱などの活動がしやすいように教室を横向きして座席を配置しています。前面にメインスクリーンとサブディスプレイを２台設置し，同じ映像，あるいは別々の映像を流すことができるようになっています（各画面への映像の配信は，グランドピアノ脇に設置した教務用パソコンから行います）。各スクリーンには楽譜が虹のように描かれたイラストが壁紙として設定されており，音楽室に入るとその色鮮やかな画面が目に飛び込み，音楽の学びへと誘ってくれます。

第3章

オンライン学習実現に向けたアクション

タブレットを活用して学習を評価する

20

児童生徒一人一人へのタブレット配付は，音楽の学び方にも大きな変革のチャンスをもたらしました。特に，タブレットを自宅などに持ち帰り，学校，家庭それぞれの環境の特性を生かした学びを進められるようになったことは，公教育における音楽教育の可能性を大きく広げるものとなるでしょう。

授業の学びを広げる家庭学習が容易に

今までは，学校の音楽の授業で学んだことを家庭で復習する方法は実に限られていました。授業で聴いた音楽を思い浮かべながら，一人で歌ったり，ワークシートに感想をまとめたりする程度しかできなかったのです。それが，タブレットを家庭に持ち帰ることができるようになったことで状況が一変しました。

歌唱曲や器楽曲は，楽譜や音源のファイルを Google Classroom や Microsoft Teams などで配付することで，家庭でも簡単に授業で学んだ内容の復習ができるようになりました。学校で鑑賞した楽曲は，家庭で何度も聴き返してよさを味わうことができますし，気になった作曲家についてインターネットで調べることも簡単に行えます。

これは，タブレットがいわば教師の代わりとして家庭での「授業の延長的な学び」を支えることで，子供たちが授業中に感じた「もっと知りたい，練習したい，学びたい」という好奇心や向学心に応えることができるようになったといえるのです。

家庭での学びを学校での助言や評価に生かす

　子供たちが家庭学習の様子を記録したものを，Google Classroom や Microsoft Teams などを通して提出することで，教師もその様子を確認することができます。記録された内容をもとに，さらに学びが深まるように助言をしたり，評価のために活かしたりすることができるようになるのです。

　ただ，家庭での学びの質は家庭環境に大きく左右されますので，それらのみで評価するようなことは避け，学校における他の学習成果と同じような扱いで，評価のための一つの判断材料にしていくとよいでしょう。

地域や生活にあふれる音や音楽から学ぶ

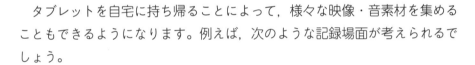

　タブレットを自宅に持ち帰ることによって，様々な映像・音素材を集めることもできるようになります。例えば，次のような記録場面が考えられるでしょう。

- ・家の中にある様々な家電製品が発する音にはどういう意味があるのか調べる（お風呂や電子レンジ，電話など）。
- ・街中にある「人に注意を促す音」を探し，意味を考える。
- ・地域に伝わる芸能を記録する。それらに携わる人たちにインタビューし，思いや願いを知る。
- ・「ふるさと」のような，世代を超えて受け継がれる歌について，家族に自分が歌ったときに関するエピソードを話してもらう。

　上記のような活動によって得た映像・音の記録は，学校で子供たちが音や音楽と人との関わり方について協働的に学んだり，様々な社会事象を教科等横断的に捉える STEAM 教育の一環として取り上げたりするための重要な資料となるでしょう。タブレットは，家庭と家庭・地域を相互につなぎ止める「音楽の学びの橋渡し役」にもなり得るのです。

21 教科の特性を活かした「音楽の オンライン授業」を考える

　タブレットと，オンライン環境によって実現するオンライン授業には，教材の取扱い方や，オンライン授業を行うタイミングによって，大きく分けて次の３つに分類することができます。学校内の設備や教師のスキルなどによってできることは異なりますので，行える範囲で一番学習効果が高められる方法を選択して実施するようにします。

既存 Web コンテンツ活用型

①教材となるコンテンツを教師が探し，内容の妥当性を確認しておく。
②コンテンツのリンクをコピーし，Google Classroom や Microsoft Teams などにそのリンクを貼りつけ，子供たちに課題や資料として提示する。
③子供たちはそれらの資料を使って家庭で学習を行い，学習成果を提出する。

　インターネット上にある様々なコンテンツ（アプリ，動画，音源など）にアクセスし，それを教材にして学習を進めます。リンクをコピーして子供たちに伝えるだけなので，比較的簡単に実施することができます。例えば，YouTube の動画のリンクをコピーして子供たちに伝え，子供たちはその内容を視聴して学ぶ，といった方法です。

教師準備教材配信型

①授業で使う教材ファイル（画像，映像，PDF など）を教師自ら作成する。
②学校や自治体が管理しているクラウドサーバー（Google ドライブや Microsoft OneDrive など）にその教材ファイルをアップロードする。

③そのファイルにアクセスするための「リンク」を取得して，コピーする。
④ Google Classroom や Microsoft Teams などにそのリンクを貼りつけ，子供たちに課題や資料として提示する。
⑤子供たちはそれらの教材ファイルを使って自宅学習を行い，学習成果を記録，提出する。

　この形式では，教師はパソコンなどを使ってあらかじめ教材となるコンテンツファイルを自作し，それをクラウドサーバーに保管して子供たちに内容を参照させながら授業を進めていきます。楽譜をカメラで撮影した画像や伴奏音源をアップロードして参考資料としたり，教師自ら出演する授業動画を作成して視聴させたりするといった方法がこの型になります。

双方向リアルタイム型

①オンライン会議システムのミーティング情報を設定し，授業をする時間を子供たちにあらかじめ伝えておく。
②時間になったら学級全員が入室し，教師がホストとなって授業を進める。
③（必要に応じて）動画や音源などの教材ファイルへのリンクを伝え，子供たちはそれらにアクセスしながら学習を進める。
④（必要に応じて）ブレイクアウトセッション機能を使って，グループごとに話し合いながら学習を進める。

　あらかじめオンライン授業をする時間を設定し，Zoom や Google Meet，Microsoft Teams などを使って，リアルタイムで授業を進めていきます。これらのリンク機能を活用することで，既存のコンテンツや教師が作成した教材へのリンクをリアルタイムで伝え，学習の資料として参照させることもできます。参加する子供同士が一緒に歌ったり楽器を演奏したりすることも理論上は可能なのですが，ネット回線の状況によってどうしてもタイムラグが生じてしまうので，今後の技術の進歩を期待したいものです。

22 音楽の「ハイブリッド型授業」を構築する

音楽の授業におけるハイブリッドな学びとは，学校と自宅それぞれの環境特性を生かして分散学習を進めること，と捉えるとわかりやすいでしょう。学校では，大きな音を出して演奏でき，仲間とともに演奏や対話をしながら学びを深めることができます。自宅では，集中して楽器の練習をしたり，家族や地域の人々の協力を得ながら学習を進めたりすることができるでしょう。こうした双方の環境のメリットを生かし，タブレットとインターネット回線がその橋渡し役となって学校，家庭の両軸で音楽の学びを進めていきます。

音楽の「ハイブリッド型授業」とは

パンデミックのような有事において，音楽の学びを止めないために，学校・家庭が連携し，環境の特性を生かしながら進める授業を指します。

＜平常登校時①…活動制限はないが登校困難者がいる場合＞

学校での学習活動を基本としますが，使用する学習資料は常に Google Classroom や Microsoft Teams などに掲載し，登校困難者が家庭で資料を同時に参照しながら授業に参加できるようにします。学習成果の提出もできる限り Google Classroom や Microsoft Teams 上で行うにすることで，授業に参加した全ての子供たちを評価できるようになります。また，時折タブレットを持ち帰って自宅で行う課題を出すなど，有事に備え，家庭学習にも慣れておくようにします。

＜平常登校時②…学校での歌唱や管楽器などの活動に制限がある場合＞

平常登校ではあるものの，感染拡大によって活動に制限がある場合，学習活動は以下のような流れで進めていきます。

①［学校］教材となる楽曲の演奏聴取を全員で行う。

②［学校］学習課題や歌詞・指遣いといった学習方法の確認を行う。

③［学校］アプリの操作方法など，家庭での学習の進め方について確認を行う。

④［自宅］タブレットを用いて伴奏音源などを流しながら，歌唱や管楽器など，学校ではできない項目について練習する。

⑤［自宅］練習した内容を録音または録画する。

⑥［自宅］できた音声または映像ファイルを，Google Classroom や Microsoft Teams で提出する。

⑦［学校］提出されたファイルを教師が視聴して評価の参考にしたり，子供たちが互いの演奏を聴きながら助言し合う時間を設定したりする。

＜臨時休校や学年・学級閉鎖の場合＞

　感染の拡大によって臨時休校や学年・学級閉鎖が実施された場合，以下のように自宅での学習を進めていきます。

①［学校］教師はあらかじめ，クラウドサーバーに学習資料（音源や映像，楽譜 PDF ファイルなど）をアップロードし，リンクを取得しておく。

②［学校］教師はあらかじめ，Google Classroom や Microsoft Teams などの課題提示機能を使い，学習の流れや学習資料ファイルへのリンク，学習に必要となるサイトへのリンクなどを掲載しておく。

③［学校］教師がオンライン会議システムで学習の進め方を説明する。

④［自宅］子供たちは，教師が提示した学習資料やリンクを使い，Google Classroom や Microsoft Teams などに記された学習の流れに沿って，各自で学習を進める。

⑤［自宅］子供たちはタブレットを用いて学習成果を文章や音声，映像として記録する。

⑥［自宅］できた記録ファイルを，Google Classroom や Microsoft Teams などを通して提出する。

⑦［学校］提出されたファイルを教師が視聴して評価の参考にしたり，子供たちが登校できるようになった際には，互いの学習記録をもとに対話による学びを進めたりする。

23 オンライン学習動画をつくる ①シンプル撮影編

　動画そのものをつくることはさほど難しいことではありません。まずは皆さんが普段お使いのスマートフォンやタブレットのカメラ機能で動画を撮影してみてください。自分やピアノの鍵盤などの被写体にカメラを向け，後で子供たちが閲覧することを想定して撮影する…それだけで立派なオンライン学習用動画の出来上がりです。

　いろいろな編集がなされていなくても，手づくりの温かさが感じられるような動画を，こうした「プレーン」な撮影方法でつくる，という手法も考えられますね。まずは撮影をしてみてください。そうすると，「これは必要だな」と感じるものや，「こう撮影するとうまくいく」という方法が見えてきます。

撮影に必要な用具や環境を整える

＜三脚＆アタッチメントホルダー＞

　撮影を進めていくと，映像がグラグラ揺れるのが気になってきます。これは，スマートフォンなどを手で持って撮影する場合に起こる現象です。この揺れを抑えるためには，「三脚」などで固定して撮影するとよいでしょう。

　もしスマートフォンやタブレットで撮影する場合は，三脚にタブレットなどを固定するための「アタッチメントホルダー」が必要になります。

＜照明＞

　撮影は，教室や音楽室などの明るい場所で行い
ましょう。どうしても明るさが足りない，と感じ
る場合は，ライトを設置するという手もあります。
最近はインターネットショップなどで，こうした
ときに使うビデオ用ライトが安価で売られるよう

になってきました。被写体に直接ライトを当てると影が気になることがあり
ますので，そうした場合はライトを天井などに向けて部屋全体を間接的に明
るく見せる，という方法も考えられます。

＜マイク＞

　教材によっては音質にこだわりたい場合もあるかと思います。そのような
場合は，スマートフォンやタブレットについているマイクからではなく，別
に集音用のマイクを用意して高音質で録音する，という方法もあります。ス
マートフォンやタブレットに直接取りつけて録音するタイプのものを使えば，
手軽に録画しながら高音質で録音することができるようになります。

＜撮影場所＞

　映像の中にできるだけ余計なものが映らないよ
うにすると，集中して視聴することができます。
教室や音楽室の中で，何も映り込まない白壁など
を探したり，無地の布などで設置物を隠したりし
てできるだけシンプルな背景になるようにします。

また，窓やカーテンを開けて撮影を行う場合は，映像の中に直射日光が入り
込まないように調整するとよいでしょう。
　また，楽器の演奏などを録画する場合は，なるべく余計な音が入り込まな
いように留意します。防音の効いた音楽室や放送室で録画する，あるいは，
子供たちのいない放課後などに行うと雑音が入りづらいでしょう。

オンライン学習動画をつくる ②プレゼンソフト活用編

文字や図を多用するならプレゼンソフトの動画作成機能がお手軽

　学習用動画の中に，説明のため文字や図を多用するようでしたら，プレゼンソフトでスライドを作成して動画化すると，より本格的になります。プレゼンソフトは，会議などで使う「プレゼンテーション用」のアプリとお考えの方も多いかと思いますが，実はスライドを進めるタイミングを記録して動画化するという機能があり，この機能を上手に活用することで，授業の流れのような動画をつくることができるのです。ここでは，Microsoft PowerPoint を用いた例を紹介します。

「スライドショーの記録」機能をフル活用

　まずは普通のプレゼン資料のように，学習の流れを考えながら，スライド一枚一枚に説明の文字やイラスト・楽譜などの画像，音源ファイルなどを貼りつけていきます。スライドが出来上がったら，通常の使い方ならここで「スライドショー」メニューを選択し，「再生」を押してテレビやプロジェクターで映し出すのですが，ここでは「スライドショー」メニューの中にある「スライドショーの記録」機能を使います。

　「スライドショーの記録」を選択すると，撮影スタンバイモードになり，画面に作成したスライドの1枚目が表示されます。そして，画面内にある，大きな赤い丸印を押すことにより，映像の記録が始まります。ここからはENTER キーや矢印キーを押してスライド一枚一枚を動かしていくのですが，

キーを押すタイミングでスライドの動き
がそのまま動画として記録されていきま
す。もし，言葉で直接説明をしながらス
ライドを動かしていきたい場合は，画面
上のマイクのボタンを押してオンにする
ことで，パソコンのマイクから声を記録

しながら動画に挿入することができます。また，ビデオカメラボタンを押し
て自分の姿を画面の隅に映し出すことで，実際の授業さながらの説得力のあ
る映像をつくることもできます。

　自分の映像や声を同時に記録する場合，全てのスライドを流しながら記録
することもできますし，一枚一枚のスライドに別々に記録することもできま
す。途中でセリフなどを読み間違ってしまっても，そのスライドからやり直
しができるので便利です。

「エクスポート」機能で映像化

　スライドショーの記録が全て終わったら，ファイルメニューから「エクス
ポート」を選択し，ファイルの形式を「MP4」※にします。ビデオの圧縮タ
イプは「H.264」，品質は，オンラインで使用するようでしたら「インター
ネット品質」でよいでしょう。

　また，「タイミング」と書かれた項目の，「記録されたタイミングとナレー
ションを使用する」のチェックが入っていることを確認します。最後に，
「エクスポート」ボタンを押すとスライドの映像ファイルが出来上がります
（スライドの枚数によっては，映像化に多少時間がかかります）。

※ MP4…パソコンやタブレットで使用できる，映像ファイルの標準的な形式。およそ全ての
　機種で再生できます。他の映像形式には MOV，WMV，AVI などがありますが，機種によ
　っては再生できないものもあります。

25 オンライン学習動画をつくる ③動画編集アプリ活用編

撮影した動画を，テレビ番組や動画投稿サイトで見るような，様々なエフェクト（映像効果）が入ったものに仕上げたいのであれば，「動画編集アプリ」を用いることをお薦めします（右は Mac の「Final Cut Pro」の画  面）。動画編集アプリは，パソコン用，タブレット用それぞれに有料・無料で様々な種類が存在します。機能が豊富なものほど，より凝った映像にすることができますが，その分値段は高価であり，使用する機器にも制限があります。

動画編集アプリを用いると，主に次のようなことができるようになります。

- 映像の一部を切り取って残りの部分をつなぎ合わせる。また，いくつかの映像をつなぎ合わせる（カット）。
- つなぎ合わせた映像の間に映像効果を加える（トランジション）。
- 映像の中に文字を入れる（テロップ）。
- 映像の中に BGM や効果音を入れる（サウンドエフェクト）。
- 映像の中の一部分に別な映像を入れる（ピクチャーインピクチャー）。
- 映像の速度を変える，白黒にするなどの効果を加える（エフェクト）。
- 編集した映像を様々な映像形式（MP4, MOV, WMV など）で書き出す（エンコード）。

操作は難しい?!…慣れれば楽しくなる！

　動画編集の方法を簡単にたとえるならば，「紙テープを切って，貼り合わせる」という感覚です。紙テープが１つの動画で，机の上に置いた紙テープ（動画）をハサミで切り取ったり，別の色の紙テープとつなげたりして最終的に１本の紙テープに戻していくのです。

　つなぎ合わせた映像はプレビュー（確認再生）ができますので，出来映えをすぐに確認できます。この作業に慣れてくると，様々な編集を加えることで，自分が撮影した映像がまるでテレビ番組のような映像に仕上がっていくことがとても楽しくなるでしょう。

何を買えばいい？　どんな機器が必要？

　簡単な編集ができればよいというのであれば，Mac や iPad なら標準でついてくる「iMovie」，Windows なら１万円前後で買えるアプリ（「PowerDirector」「Filmora」「Adobe Premiere Elements」など）で十分でしょう。上記のような動画編集アプリの

標準的な機能はおよそ使えるようになります。また，より本格的に映像編集に取り組んでみたいのであれば，Mac なら「Final Cut Pro」，iPad なら「LumaFusion」，Windows なら「Adobe Premiere Pro」といったプロ仕様のアプリを使うとよいでしょう（もちろん，値段はかなり高価になりますが…）。ただ，動画編集アプリを使う場合，アプリの種類以上に問題となるのが，パソコンやタブレットそのものの「性能」です。安いパソコンや古い OS で動いているパソコンなどでこれらのアプリを用いると，映像を編集するためにものすごく時間がかかり，ストレスが溜まります。動画編集を目的にパソコンやタブレットを用いるのであれば，なるべく最新で性能のよい製品を選ぶとよいでしょう。

26 既存コンテンツを利用する ①情報サイト編

インターネット上の様々な既存コンテンツを授業に活用する

　インターネット上には，音楽の授業で使えそうな様々な映像や音声のコンテンツが存在します。教育利用を目的に制作し，広く公開しているものとしては，NHK for School，あるいは教科書会社や音楽出版社，楽器製造会社などが制作した子供向けサイトなどを挙げることができます（詳しくは拙作HP の「リンク集」を参照してください）。また，本来教育目的につくられたものではないものの，映像や音声コンテンツなどの宝庫ともいえるのが，YouTube に代表されるような動画投稿サイトです。

　前者に関していえば，各企業が独自に制作したものを一般的に公開しているものですので，提供されるコンテンツについては子供でも安全に視聴することができます。後者に関しては，視聴できるコンテンツの数は膨大ですが，中には著作権上問題となるものや，授業中の閲覧としてふさわしくないもの，また公序良俗に反すると考えられるものまで掲載されているため，児童生徒に配付されたタブレットでは，それらに接続できないよう設定がされている学校や自治体もあります。

動画投稿サイトの全てが「悪」ではない

　動画投稿サイトは，今や文部科学省ですら情報の発信のために活用しているソーシャルメディアです。動画投稿サイトの閲覧を学校や自治体が禁止している場合，その根底にあるのは「子供は授業中にそれらを見るに違いない」「トラブルの原因になる」という性悪説であり，問題が起きないようにする大人側の都合によるものだと思います。しかし，本来学校で育まなけれ

ばならないのは数ある情報の中から今必要な情報をきちんと選択できる能力であり，情報社会を生き抜くためのデジタル・シティズンシップを育むことです。必要なときに出典が確かな正しい情報を利活用できる力を育成するためにも，私たちはこうした課題にきちんと正対していかなければなりません。

動画投稿サイトに投稿されている動画の安全性を確かめる方法

　現在，世界でも最も活用されている動画投稿サイトは YouTube です。そこには，音楽の授業でも使えそうな優良な動画や音声が多数投稿されています（授業で活用できる主な動画は拙作 HP でも紹介しています）。数ある動画の中からそれが本当に問題ないものかどうかを見極めるのはとても困難ですが，それを判断するための基準になることがいくつかあります。

①**動画チャンネル名の横に，認証バッジ（チェックマーク…「レ」）がある**

　これは，そのチャンネルがクリエイター，アーティスト，企業，有名人の公式チャンネルであることを YouTube が認めたもので，安全に問題はありません。なお，この認証バッジを獲得するには，チャンネル登録者数が10万人を越える必要があります。

②**政府機関，大企業や大学，著名音楽家や音楽団体など，社会的に信用を得ている個人や団体が運営している**

　これらが運営しているチャンネルは，たとえ認証チェックマークがなかったとしても，まず問題がないと考えてよいでしょう。

③**チャンネル登録者数や再生回数が圧倒的に多い**

　掲載に問題がある動画は違反報告がなされ，削除されたり投稿したチャンネルが閉鎖されたりしてしまいます。再生回数やチャンネル登録者が圧倒的に多い動画は多くの人の目に晒されており，このような問題をある程度クリアしていると考えてよいでしょう。

27 既存コンテンツを活用する ② Web アプリ編

　タブレットに標準でついてくる「ブラウザアプリ」さえあれば，OS の種類を問わずにどんな端末でも使えるのが「Web アプリケーション」（以下，Web アプリ）の最大の魅力です。これからの学校におけるタブレットの活用は，これら Web アプリがいかに使いやすいものに進化を遂げるかにかかっているといえるでしょう。

音楽系 Web アプリ

　令和 4 年秋現在で，筆者がお薦めする Web アプリには，次のようなものがあります（アプリ名で検索してみてください）。

・「Musicca」（無料）（https://www.musicca.com/jp）→バーチャル楽器をはじめ，メトロノームやチューナー，ドラムマシンといった音楽の授業で使えそうなツールが一通り揃っている。

・「オンラインピアノ」（無料）（https://onlinepiano1.com/ja/）→88鍵の音域に対応した鍵盤を備え，様々な楽器の音色を選択して演奏することができ，タブレットによるアンサンブルや，楽器を組み合わせたときの音色の確認，といった使い方が考えられる。

・「Virtual Drumming」（無料）（https://www.virtualdrumming.com）→バーチャルドラムアプリ。プロ仕様の本格的なドラムセットを体験できる。各楽器の数をカスタマイズすることも可能。

・「Chrome Music Lab」（無料）（https://musiclab.chromeexperiments.com）→音や音楽と戯れながら，科学や数学，美術などとの結びつきを考え，STEAM 教育を促進することができる。Song Maker をはじめ，音楽づくりを中心に活用できそうなアプリがまとめら

れている。

・**「音楽チャレンジ（ローランド・ミュージック・スクール）」**（無料）
（https://www.roland.co.jp/school/about/challenge.html）→音楽
に関連する様々なゲームやクイズに挑戦できるサイト。音楽に関する基礎
的知識を楽しみながら身につけることができる。

・**「Flat」**（一部有料）（https://flat.io/ja）→五線の楽譜を作成し，様々な
楽器の音色で作成した楽譜の再生ができる。楽譜の印刷やパート譜，音源
の作成など機能が豊富。

音加工・操作系 Web アプリ

・**「Vocarro」**（無料）（https://vocaroo.com）→ボイスレコーダーアプ
リ。ボタン操作一つで録音ができるのでわかりやすい。録音した音源を二
次元コードにして画面に表示し，他の端末で聴くことができる。

・**「ボーカル リムーバー」**（寄付アプリ）（https://vocalremover.org/
ja/）→自前の音源ファイルの編集・加工ができるアプリ。ピッチや速度
の変更，声と伴奏を分離して保存する機能などがあり便利。

・**「効果音ポン出し」**（無料）（https://soundeffect-lab.info/pon/）→キ
ー操作で効果音のポン出しが簡単にできるアプリ。「効果音ラボ」内の
様々な効果音を割り当てられる。

言語活動促進系アプリ

・**「Google Jamboard」**（無料）（https://edu.google.com/intl/ALL_
jp/jamboard/）→一つのボードに共同で書き込みや付箋の貼りつけがで
きるデジタルホワイトボードアプリ。

・**「Padlet」**（無料）（https://ja.padlet.com/）→ Google Jamboard と
同じく一つの掲示板に共同で作業するためのツール。いくつかの種類の掲
示板から選択できる。また，投稿には画像や音源，映像などを貼りつける
ことができる。

28 オンライン学習と著作権 ① SARTRAS 理解編

学校のオンライン学習で他人の著作物を利活用できる仕組み

　音楽のオンライン学習を家庭と結んで行う場合に念頭に置かなければならないのが，提示する教材などの「著作権」の扱いです。

　2020年４月に施行された改正著作権法第35条では，いわゆるオンライン学習やオンデマンド型学習のように，公共の電波やインターネット回線を使って家庭などと結んで行われる授業について，学校の設置者（公立学校…各自治体，私立学校…運営する学校法人など）が使用する教材の著作者に対し，相当の補償金を支払うことで，学校内と同じように著作物を使用することが可能となりました（元々学校内のみで行われる授業においては，必要と認められる範囲において使用，複製することが認められています）。

　この「学校の設置者が著作者に補償金を払う」という方法は，そのままだと事務手続きがものすごく煩雑になり，著作物を使う側もそれを認める側も業務量が大幅に増えてしまいます。そこで2018年に創設されたのが「授業目的公衆送信補償金制度」というものです。

　この制度では，著作物を利用する学校の設置者と著作者，または著作物を管理する団体などの間に，「授業目的公衆送信補償金等管理協会…以下SARTRAS（サートラス）」を置き，学校の設置者が SARTRAS に一定の補償金を支払うことで，オンラインで行う授業などについても，学校内と同じように著作物を無許諾で使用できるようにするものです（支払われた補償金は，著作権の管理団体を通じ，著作者に分配されます）。

このSARTRASの補償金制度では，小学生○○円，中学生○○円…というように校種ごとに児童生徒１人あたりの補償金額が決められており，年に一回更新する形で学校の設置者が補償金をまとめて支払っています。

　ほとんどの場合，児童生徒から補償金を直接集金することはないので，この制度の存在自体を知らなかったという方も多いのではないでしょうか。

　学校が授業のライブ配信やオンデマンド配信をする行為自体は，法律的に何ら問題はありません。また，教材に他人の著作物を一切使用しないのであれば，この制度を利用する必要もありません。

　しかし，音楽のように多くの他人の著作物を教材として利用する教科では，この制度に加入することではじめて，オンライン学習の利点を最大限に発揮することができるようになるのです。

　他人の著作物を活用してオンライン学習を行いたいと思ったときは，まず，管理職や所属する学校の設置者（教育委員会など）に対し，自分の学校がこの制度を活用できるのかをあらかじめ確認するとよいでしょう。

　補償金が支払われているようであれば，音楽の授業では次項で紹介するような形で，様々な著作物を扱うことができるようになります。

〈参考サイト〉
・文化庁「授業目的公衆送信補償金制度の概要」
　https://www.bunka.go.jp/seisaku/chosakuken/pdf/92728101_03.pdf
・授業目的公衆送信補償金等管理協会（SARTRAS）
　https://sartras.or.jp

オンライン学習と著作権 ②著作物オンライン活用編

SARTRAS 加入でできるようになること

　今までも学校では，教師（教育を担任する者）と児童生徒（教育を受ける者）は，授業に必要と認められる限度において著作物の複製は可能でした（著作権法第35条）。さらに，2020年4月に施行された改正著作権法第35条により，授業目的公衆送信補償金等管理協会（SARTRAS）に対し補償金を支払うことで，音楽の授業では以下のようなことがオンラインによる学習でも可能になります（補償金を支払った年度内のみ適用されます）。

・教科書など，紙の印刷著作物の一部を撮影またはスキャン等して，オンラインで児童生徒に提示すること[1]。

・教科書の指導書に付属する CD や DVD に含まれる音源，あるいは映像メディアの一部をオンラインで児童生徒に提示すること[1,2]。

・教科書などの印刷著作物に掲載されている楽譜を自ら演奏し，オンラインで児童生徒に提示したり，配信したりすること[1]。

・映像や音源を用いたオンライン学習用動画，あるいはオンライン学習に用いる映像や音源を Google ドライブ，Microsoft OneDrive などのクラウドサーバーに限定的にアップロードし，児童生徒がそこにアクセスして視聴すること。

・音楽会や合唱コンクールなど，児童生徒が学校行事で演奏した映像や音声を，保護者や地域などの学校と協力関係にある個人や団体に対して，学校での教育活動を紹介する目的で限定的に配信すること。

SARTRAS に加入してもできないこと

SARTRAS に加入し，補償金を支払ったとしても，以下のような行為はこの制度の範囲を逸脱するものですので，認められません。

- 著作物の含まれた電子ファイルを，誰もがダウンロードや複製できる形で提供すること（閲覧する側がダウンロードできないように事前に設定する必要があります）。
- 対象を児童生徒に限定せず，誰もが閲覧できるような形で配信すること（例えば，YouTube で「限定公開」などの設定をせず，「公開」設定のまま誰もが見ることができるようにしてしまうことなど）。

上記の事項は令和4年12月現在のもので，社会状況の変化に応じて少しずつ見直しが行われています。SARTRAS のホームページなどで最新の情報を確認するとよいでしょう。

大切なのは，学校の授業で使用するから，あるいは SARTRAS に補償金を払っているからといって，著作に関わる人々の生活を脅かすような使い方をしてはならない，ということです。音楽など様々な創作物によって生活を営んでいる方々の立場を重んじ，大切な知的財産を教育のために特別に使わせてもらっている，という感覚をもつことが，教師にも子供たちにも必要でしょう。

※1 「授業目的」から外れることがないよう，対象となる児童生徒だけが視聴できる，いわゆる「限定公開」の形をとることが必須です。
※2 教科書会社が独自に制作したものではない音源や映像を含む CD や DVD（特に外国のアーティストによって演奏されたもの）については，演奏権などの著作隣接権の関係で手続きが必要なものがあります。そのような音源や映像の使用を検討する場合は，事前に教科書会社や制作元のレコード会社などに必ず問い合わせましょう。

こなっしーはこう考える！
オンライン学習に関するQ&A

Q. 今後オンライン学習などが継続して行われていく中で，音楽の教師は，どんなスキルを身につけていけばよいでしょうか。

A. 音楽に携わる教師に限らず，全ての教師がオンライン学習に必要な機器やアプリの操作を習得する必要があるといえます。例えば，タブレットでZoom や Google Meet，Microsoft Teams といったオンライン会議システムを使って子供たちと接続する方法や，Google Classroom や Microsoft Teams といった授業支援システムで子供たちとコンタクトを取る方法などです。音楽の授業の場合，Zoom や Google Meet などの設定によっては，相手に伝わる音質が大幅に改善される場合がありますので，チェックする必要があるでしょう。

　また，授業に必要な教材を提供するために，音源や映像コンテンツの扱い方，簡単な編集の仕方をある程度把握できるとよいですね。これらは，授業内容に直接関わるわけではありませんが，これからの魅力ある授業づくりのために身につけるべきスキルであるといえます。

Q. 音楽のオンライン学習を行ううえで心がけなければならないことはどんなことでしょうか。

A. 一言でいえば，子供たちがいる家庭の環境は様々であることを十分考慮するということです。まず，学習を行う空間に関していえば，子供部屋のような個室で，音をしっかり聞き取ることができるような場所で取り組む子もいれば，家族全員が揃って賑やかな場所で取り組んでいる子もいます。様々な環境に置かれる中で，学校で行うような厳密な演奏や鑑賞活動などを均一に求めるのは酷というものです。以前あったように，学校に来ない

期間が数週間〜数か月に渡るような状況でない限り，学びの帰着点はあくまで学校とし，家庭では学校での学びを補助するような活動に留めるべきでしょう。

　また，家庭で使用する機器に関しても，家庭によりまちまちであることを念頭におくべきです。音質の優れたハイスペックなパソコンで取り組んでいる子もいれば，母親のスマートフォンの小さい画面を見ながら取り組んでいる子もいます。また，学校のタブレットを持ち帰って使用する子もいますが，それらのスピーカーから出る音はお世辞にもよい音といえるものではありません。子供たちの目や耳にふれる音や映像の質も様々であることを十分考慮しながら，よりわかりやすく，ラフに取り組めるような内容にするとよいでしょう。

Q. 音楽のオンライン授業における「著作権」を考えるうえで，一番重要なことは何ですか。

A. 前述した通り，学校が行うオンライン学習は，SARTRAS で所定の手続きを行い，補償金を支払うことで，学校における教育活動とほとんど同じように著作物を扱うことができるようになります。しかし，重要なのは，それらはあくまで必要最低限の範囲で行われなければならない，ということです。必要最低限の範囲を逸脱し，著作者の利益を大きく損なうような行為は，たとえ学校内の教育活動であっても認められないということです。

　授業で使用する数を大きく超えて複製するなどの行為はもちろんのこと，たとえ意図的でなかったとしても，動画投稿サイトなどで公開した映像を誰もが見られるように「公開」状態にしたり，クラウドサーバー上のファイルを誰もがダウンロードできるようにしたりしてしまう，といったこともこれに当たるので注意が必要です。

COLUMN 02

「明日の音楽室」よりこんにちは！

　私が作成し，主宰している音楽教育情報サイト「明日の音楽室」の開設から早くも４年が経過しました。教師としてつくり続けてきた様々な教育資料を公開し，音楽の先生方の一情報ソースとして広くお役立ていただきたいとの願いからこのサイトを立ち上げました。パンデミックが起きた頃には，非常時における授業の進め方などについて私が知り得た情報をできるだけ速やかに掲載するようにしてきましたが，多くの皆様にご覧いただき，ご活用いただいているとの話を伺うことができ，大変嬉しく思っています。

　「明日の音楽室」のサイトに掲載されている資料は，主に「教育実践紹介」と「教材室」のページに格納されています。「教育実践紹介」では，私が授業や学校行事，クラブ活動などで実践してきた様々な取組を学年や領域といったカテゴリーに分けて紹介しています。「教材室」では，私が授業や学校行事などのために作成した Microsoft Word や Microsoft PowerPoint のファイルがダウンロードできたり，動画投稿サイト上にある教材としてお薦めの動画や優秀な Web アプリケーションを紹介したりしています。私の実践はどれも拙いものですが，何かのお役に立てるのであればとても嬉しいです。「明日の音楽室」，ぜひ訪れてみてください。

音楽教育情報サイト

「明日の音楽室」

https://www.ashitano-ongakushitsu.com

第 **4** 章

学びを進める
感染症対策アクション

30 感染症禍で音楽授業を進める ①対策の基本的な考え方

制限下で音楽の学力をどう維持していくか

　新型コロナウイルスや，インフルエンザウイルスといった感染症が学校や地域に蔓延した場合，子供たちの命を守ることは最優先事項であり，感染が広がる可能性のある教育活動が制限されることは，やむを得ないことです。2019年より発生したパンデミックでは，全国各地で，歌唱やリコーダーなどの管楽器を用いた活動が，飛沫が伴う可能性があるとして幾度となく制限の対象となってきました。

　しかしそれは，その都度子供たちの学習権を制限するということでもあり，国語や算数といった教科の活動が制限されたらどうなるか，ということと同じレベルで，学力の維持について議論されなければならないはずです。できないことがあるとしたら，どのように環境を整えればできるようになるのか，または，どのような代替方法を用いれば学びの質を確保できるかを，校内の全教職員で真剣に検討する必要があるでしょう。

実施判断の「エビデンス」をどう確保するか

　感染症流行下で歌唱や管楽器の活動をどのように実施していくか判断するためには，感染防止対策についての正しい知識と理解が欠かせません。政府や専門家会議が出す情報はもちろんのこと，合唱連盟や楽器メーカーなどが行った飛沫実験などから得られた知見，地域の医療機関からの情報など，様々なエビデンスに基づいて総合的に判断すべきです。一番よくないのは，「隣の学校がやっているから」「何となく危なそうだから」などと，憶測や流言飛語をもとに付和雷同的に判断してしまうことです。学校の規模や施設，

位置などによって取り得る方策は，千差万別です。感染症と向き合いながら生活していく中においては，学習活動を止めずに感染対策を継続していく各学校独自の努力が，学力を維持するために重要になってくるのです。

「歌唱」「管楽器演奏」だけが制限の対象，はおかしい

感染症対策のためにやむを得ず活動制限を行う場合，それは音楽という一教科だけでなく，学校での全ての活動において検討が加えられるべきです。音楽の歌唱活動には制限がかかっているのに，国語や外国語活動の一斉音読などは普通に行われている学校があると聞きました。また，休み時間に教室で向かい合って大声で話していることが許容されているのに，声量もさほど出ない歌唱活動だけがピンポイントで制限されているのは，何とも理不尽な話です。学校における「声が出る活動」の全てに目を向け，もし音楽の歌唱活動が規制されるならば，同様に他の活動も方法を見直し，学校全体として感染の拡大防止に努めるべきです。

それを学校全体で先頭に推し進めることができるのは，やはり声の専門家としての音楽の教師だと思います。音楽科の根幹の活動である歌唱や管楽器の活動を制限することの重大性を全教職員にきちんと認識してもらい，共通理解のもとで指導にあたるようにしていきましょう。

あらゆる事態を想定して準備する必要性

例えば，授業で発表会を行うことを計画し，準備を進めるとします。どんなに練習を積み重ねてきたとしても，予定日付近に感染者が増加すれば実施が難しくなります。中止の判断をするのは簡単ですが，そのことで一番心に傷を負うのは子供たちです。このような状況下では「必ずできるから頑張ろう！」といった無責任な発言で子供たちを追い込むことは控えるべきです。「できたらラッキーだね」程度の言葉かけで，子供たちを緩やかに目標に向かわせる方が得策でしょう。また，できなかった場合の代替案は必ず検討し，子供たちの努力がいくらかでも報われるように配慮しましょう。

31 感染症禍で音楽授業を進める ②感染対策指針提示術

　校内の全ての教師が共通理解のもとで音楽の指導に当たるために，次ページのような校内の音楽授業における感染対策の指針となるガイドラインを作成し，年度当初の職員会議で周知するようにします。この資料の提示をきっかけとして，音楽科が学びを止めないために最大限の注意を払っていることを伝え，飛沫を伴うあらゆる活動（休み時間の会話，声を張り上げての一斉音読や挨拶など）の点検を進めていくとよいでしょう。

　なお，このガイドラインは，地域や学校の感染状況を考慮して月ごとや学期ごとに内容を点検し，適宜修正したり項目を加えたりするようにします。

---

①音楽授業実施に係る日常の対策

　音楽の授業に参加して活動するための健康状態の指針を示したり，歌唱や吹奏楽器を扱う場合，決まり事を事前に子供たちや保護者に伝える必要があることを明記したりします。

②授業場所の対策

　音楽の授業を行う場所（教室，音楽室など）における感染予防対策の指針について記します。児童生徒数や校舎の立地環境，教室の広さなどによって内容が異なってきますので，校内でよく検討が必要です。

③歌唱を伴う授業における対策

　歌唱活動を行う際の留意事項を示します。

④管楽器の使用を伴う授業における対策

　リコーダーや鍵盤ハーモニカなど，管楽器を使用して演奏活動を行う場合の感染予防対策の指針を示します。

○○市立○○小学校

校内における音楽科授業時の新型コロナウイルス感染防止対策ガイドライン

○○小学校音楽部　Ver. R4. 4. 1

１．音楽授業実施に係る日常の対策

⑴体調管理の徹底

→以下の項目に該当事項がないか健康観察等で確認し、症状が少しでもある児童は活動を控える。

①発熱感（37.5℃以上ある場合は下校する。）②咳や喉の痛みなど風邪の症状

③だるさや息苦しさ　④体が重い、疲れやすい。

⑵対策の周知

→歌唱活動や管楽器を用いた指導を行う際の対策を予め児童と保護者に周知し、理解を得て行う。

２．授業場所の対策

⑴窓は常時開放し、換気を行う。

⑵椅子・机は同方向に向かって並べ、向かい合う隊形は避ける。

⑶児童間の距離は、前後左右最低約１ｍを目安に確保する。

⑷授業終了後に、使用した椅子や机、譜面台等の消毒を行う。

３．歌唱を伴う授業における対策

⑴常時マスクを着用して歌唱する。（マスクと口の間にすき間があり、呼吸しやすいものが望ましい。）

⑵大声での歌唱は避け、資料「歌声の大きさ表」を参考に適切な声量で歌うよう心がける。

４．管楽器の使用を伴う授業における対策

⑴授業の前後に必ず手指の消毒、もしくは石鹸等での手洗いを行う。

⑵リコーダーを使用する際は次のことに留意する。

①演奏専用マスクあるいは大人用の大きめのマスクを用意し、「窓」（上部前面の四角い穴）をマスクで覆う形で演奏する。

②ハンドタオルを用意して膝（机）の上に置き、管体から出た水分を適宜取り除くようにしておく。

③リコーダーは定期的に持ち帰り、家庭で水洗い、消毒等をしておく。（学校では行わない。）

⑶鍵盤ハーモニカを使用する際は次のことに留意する。

①演奏専用マスクあるいは大人用の大きめのマスクを用意し、歌口（ホース先端の黒い部分）をマスクで覆う形で演奏する。

②専用のハンドタオルを用意して膝（机）の上に置き、ホース連結部等から出た水分を適宜取り除くようにしておく。

③使用後は専用のハンドタオルで包み込みながらホースを本体から外し、水分を拭き取ったらすぐにケース等に片付ける。

④鍵盤ハーモニカは定期的に持ち帰り、家庭でホースの水洗いや、本体の消毒等をしておく。（本体は水洗いすると錆びてしまうので、家庭に周知しておく。）

５．その他

校内での感染が疑われる児童が出た場合、児童の行動や活動についての情報提供が求められる。実施上の対策について、明確に示せるようにすることが大切である。実施の可否については、地域や学校の感染状況を考慮して判断する。

32 感染症禍で音楽授業を進める
③指導計画の弾力的運用

感染症の影響で計画通りに授業が進まない…

　各学校には，教科ごとの一年間の授業計画を記した年間指導計画があり，その計画に基づいて授業が行われていることと思います。通常では，多少の変更はあってもその計画に沿って学習内容を決め，授業を実施していくことが当たり前なのですが，パンデミックにおいては，感染拡大による活動制限によって，計画通りに授業を実施できないことが常態化している学校もあるかと思います。多くの場合，年間指導計画は使用する教科書の題材の内容に沿って作成されます。教科書は題材の内容に沿って歌唱，器楽，音楽づくり（創作），鑑賞の諸活動を満遍なく配置しています。これらは感染症による影響などはまったく考慮されずに配置されていますので，その題材の実施時期がちょうど感染の拡大時期に当たってしまうと，歌唱や器楽といった表現活動がまったくできない，という事態が起きてしまうのです。

できるときに，できることを進める

　３年にも及ぶコロナ感染症によるパンデミックの中で，私たちは何となく流行の波の傾向をつかめるようになってきました。感染状況が落ち着いている時期においては，通常とほとんど同じ授業ができたところも多かったのではないでしょうか。これからまだしばらくの間は，こうした感染流行の傾向を予測し，「できるときに，できることを進める」ことが，履修内容をできるだけ例年と同じに近づけるために必要な工夫となりそうです。

　例えば，感染が収束に向かいつつある，あるいは収束していると判断できる時期には，歌唱，器楽といった表現活動を重点的に行うようにします。各

題材の中から，次の項目のような「その学年の発達段階で必ず履修しなけれ
ばならない事項」を集中的に行うようにします。
・歌唱共通教材
・発声の基礎や合唱の仕方を確かめられる楽曲
・その学年で履修すべき，鍵盤ハーモニカやリコーダーの運指などの奏法を
　含んだ楽曲
　また，例年感染の拡大期となっている時期については，音楽づくりや鑑賞
の活動を中心に添えます。タブレットの機能を上手に活用しながら，発話を
伴わない言語活動の時間を多く設定するなど，学習形態の工夫をするとよい
でしょう。もちろん，上記の活動だけでなく，子供たちが音楽活動をしてい
る実感や喜びを味わえるよう，「ボディーパーカッション」「打楽器を使った
アンサンブル」といった，飛沫が起こりにくい表現活動も並行して行うよう
にしていきます。
　本来，教科書に掲載されている各教材曲は，題材の一連の学習の中で取り
上げてこそ学習効果を発揮するものです。しかし，上記のように緊急避難的
に若干の入れ替えを行うことは，パンデミックのように命に関わる有事の状
況下ではやむを得ないことでしょう。どのように入れ替えを行ったらよいか
については，経験を積まれた先生に聞いてみる，あるいは，各教科書会社の
ホームページに具体的な変更方法が掲載されていますので，参考にしてみて
ください。

> **「学習活動の重点化等に資する年間指導計画参考資料」**（小・中学校）
> ＜教育芸術社＞
> https://www.kyogei.co.jp/prioritizing
> ＜教育出版＞
> https://www.kyoiku-shuppan.co.jp/important/2020/06/
> teachingplan-r2.html

33 感染症禍で 歌唱活動を進める

感染状況に応じて適切な声量で歌う工夫を

　今後も様々なウイルスによる感染症の流行が繰り返されることが想定されます。歌うことが感染拡大の要因になるかについては科学的に証明されているわけではありませんが，あらぬ疑いをかけられることがないよう，活動時は十分対策をするに越したことはありません。音楽科の活動指針にしたがい，そのときの感染状況下でどの程度の「時間」や「声量」で歌うことができるかを判断していきます。次のような表を用いて，指導に当たる全ての先生の共通理解のもとで活動を行うとよいでしょう。

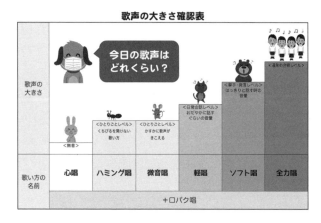

　もちろん，上記の指標は体調が良好な場合のものであり，体調が悪かったり，声を出すことに自信がなかったりする子供たちに無理強いをするものでありません。また，隣人との間隔を取ったり，換気を十分行ったりするといった環境面での配慮も必要です。マスクを外して歌う場合には，こうした配

慮をより徹底して行う必要が生じるでしょう。ポジティブに捉えるならば，このように歌声をセルフコントロールすることで，自分の歌声と向き合い，怒鳴らずに自然な響きのある歌声にしていくきっかけにもなります。焦らずに状況をよく見定めながら，できる範囲で学習活動を進めていきましょう。

飛沫を抑える「選曲」の工夫

　学校で取り扱う歌唱曲は，大きく分けて「声の美しい響きを感じながら歌う曲」と，「元気いっぱいに歌うことで雰囲気をつくり出す曲」があります。後者は特に低学年で取り上げられることが多く，子供たちはこうした曲を歌うのが大好きなのですが，興奮してくると地声のまま叫ぶように歌うこともあります。低学年の児童はマスクをしていても，鼻マスクになっていたり，ずれていたりすることもありますので，このような曲をそのまま歌うと飛沫による感染が起こる可能性が生じてしまいます。感染症が蔓延している状況下では，こうした曲は歌うことを控える，あるいは「やさしい歌声」で歌うようにあらかじめ話してから歌う，などの配慮が必要でしょう。また，これを機会に前者のような曲を多く取り上げて「やさしい声」や「柔らかい声」による歌唱を定着させ，声を響かせて歌うことや，みんなで声を揃えて歌うことの楽しさを味わうようにしていくとよいでしょう。

楽曲への理解を早め，歌唱時間を有効活用する工夫

　通常の授業では，歌唱曲の曲想をつかんだり，歌詞や旋律の流れなどを覚えたりするために，何度も繰り返して歌うこともあるかと思います。歌う時間が限られている状況では，こうした時間はできるだけ切り詰め，曲想に合わせて歌い方を工夫するといったその日のねらいに迫る活動に時間を費やしたいものです。演奏の音源を，Google Classroom や Microsoft Teams などを用いてあらかじめ配付しておき，各々がタブレットで事前に聴取して曲想や歌詞を把握しておくようにすると，楽曲への理解が早まり，授業中に歌う時間をその日の主な学習活動に集中させることができます。

34 感染症禍で管楽器活動を進める ①ハイブリッド型学習編

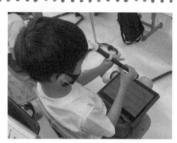

　リコーダー，鍵盤ハーモニカなどの管楽器については，楽器製造会社や研究機関などから演奏時の飛沫実験の様子が公開されるなど，安全性を検討するうえでの様々なエビデンス情報が示されています。管楽器の演奏における飛沫はごく微量で，演奏することで感染を広げる可能性は少ないのですが，楽器を口に当てる際や楽器内に溜まる水滴が楽器を出し入れする際などに飛散する可能性はあります。また，小学生の場合は，楽器を扱う際の飛沫よりも，管楽器を演奏する際にマスクをずらすことで，発話による飛沫が生じないか，など別の心配があり，指導の再開に躊躇する場合もあるようです。しかし，隣人との間隔を十分に取り，換気のよい場所で演奏ができるようであれば，このようなリスクを回避することは十分可能です。感染状況がある程度落ち着き，学校でこうした学習環境が確保できるのであれば，この方法で学習を再開するのがベストでしょう。ただ，感染拡大によって制限が長引いたり，学校規模や校内環境によって十分空間を確保できなかったりする場合，上記以外の方法を検討する必要に迫られることもあるかと思います。ここでは，このような状況下で，管楽器を使った学習を進めていくために有効な２つの方策をご紹介します。

学校と家庭結んで行う，管楽器のハイブリッドな学び

　学校で演奏することが制限されている状況の中で管楽器の学習を進める方法として，タブレットを活用した学校と家庭による学び分けによる学習，いわゆる「ハイブリッドな学習環境」での分散学習が挙げられます。子供たち

一人一人が持つタブレットを橋渡し役として，次のように学校と家庭で活動を分散させながら，学習を進めていきます。

> ＜学校＞
> ・演奏曲の聴取や指を押さえるだけの運指の確認，タンギングをする際の発音の確認など，音を出さないでできる学習を行う。
>
> →＜家庭＞
> ・楽器を持ち帰り，タブレットを用いてメトロノーム音を流したり，演奏曲の伴奏を流したりしながら，実際に音を出して１人で練習して進める。
> ・練習が済んだら，タブレットの録音アプリなどで自分の演奏を録音し，Google Classroom や Microsoft Teams などでできた音声ファイルを教師に提出する※。
> ※家庭のプライバシーを守るため，録画よりも録音の方がよいでしょう。
>
> →＜学校＞
> ・教師は Google Classroom，Microsoft Teams などで集まった一人一人の演奏を確認しながら，アドバイスや評価を行う。
> ・録音した音をグループなどで聴き合い，互いにアドバイスをかけ合う，といった活動も考えられる。

　このように，感染リスクを気にせずに音を出すことができる，という家庭環境のメリットを活かすことで，楽器の音を出す時間と場を多少なりとも確保することはできます。ただし，このようなハイブリッドな学びを実現するためには家族の理解と協力が不可欠です。また，マンションなどの集合住宅では，楽器を演奏することがそもそも難しい，ということもあるでしょう。このような学習体制を構築する場合，事前に保護者への協力依頼を十分に行い，ごく限られた時間に効率よく学習を進めることが必要です。

35 感染症禍で管楽器活動を進める ②飛沫防止グッズ活用編

感染症流行下でも安心して管楽器の演奏ができるように，飛沫を防ぐ様々なグッズが開発，販売されています。それぞれ演奏中の飛沫を抑えるという長所がある反面，短所もあるのですが，学びを維持するために，このようなグッズを用いることは十分検討に値します。

楽器を口に当てる領域を広く覆う「音楽用マスク」

管楽器の演奏による飛沫を最小限に留める方法として，楽器演奏の快適性と飛沫防止の両立を目指した「音楽用マスク」の使用が考えられます。口と楽器がふれる部分に立体的な空間を設け，マスクの下から楽器の歌口部分を挿入して口に当てやすくしたものや，布製のマスクの間に不織布のマスクが入るようにして感染防止効果を高めたもの，さらには，通常のマスクの位置のさらに下の喉の部分までをもすっぽり覆ってしまうものもあります。

こうした音楽活動のために特化したマスクは，演奏時の飛沫感染リスクを大幅に減らせるとは思います。しかし，マスクから楽器を離した際は無力であること，布製であるため，子供たちが使うものとしては衛生面での課題があること，また，マスクとしては高価になってしまうことなどの短所もあります。

これは画期的?! 「マスク用リコーダーホースアダプター」

続いてご紹介するのは，長野県の小学校の先生が開発された，普通のマス

ク※1をしたままリコーダーや鍵盤ハーモニカが演奏できるようになる驚くべきグッズです。材料が実に意外なのですが，庭の水撒きなどで使うホース（シリコン製がベスト）で内径が25mm前後のものを4cm程度にカットし，加工しただけのもの。リコーダーの場合，上部が1.5〜2cm程度余るようにして歌口部分に差し込みます。すると，マスクをつけたままホースの先端を口付近に当てて息を吹き込むことで，口でくわえるのとほとんど同じような感覚でリコーダーを演奏することができるのです（タンギングもきちんとできます）。マスクをしたままですので，飛沫による感染のリスクは普段と変わりませんし，マスクの上から息を吹き込むため，管内に蓄積されるウイルス量も少ないことが想像できます。

　このマスクの短所としては，本物のリコーダーの吹奏感とは異なること，水分がつきやすくなるため予備のマスクを用意したり，ホースの部分をこまめに洗ったりする必要があることなどが考えられます。しかし，他の方法と比較すると，安全面やコスト面※2において万人に理解されやすく，また，子供たちにとっても扱いやすいため，「苦肉の策」感が強いものの一番実現性の高い方法であるかと思います。

※1…普通のマスクでも，「立体型」のものは音が出にくいようです。
※2…やや作成に手間を要しますが，鍵盤ハーモニカ用のホースアダプターを自作することも可能です。
〈参考制作映像〉
・「マスクしたままリコーダー！【アルトリコーダーの情報を追加　材料を概要欄にリンクしました　穴なしのマスクでリコーダー，鍵盤ハーモニカなどの演奏ができる方法紹介】」
https://www.youtube.com/watch?v=_WDFvlOkkXo

こなっしーはこう考える！
感染症流行時のアクションQ＆A

Q． 感染症が流行していても，緊急事態宣言やまん延防止等重点措置などに
よる行動制限がない場合，学校の音楽活動はどのように実施していけばよ
いでしょうか。

A． 基本的には年間指導計画に沿った通常授業や，年間行事計画で決められ
た音楽行事の通常実施を，ということになるのですが，音楽は他教科とは
異なり，室内でマスクを外さなければできない活動が含まれるのが厄介な
ところです。行動制限がなかったとしても，感染者が校内で多く発生して
いる状況では飛沫を伴うような行動は控えるべきでしょうし，逆に全国的
に感染が広がっていたとしても，郊外で規模が小さく，隣人との間隔を十
分に取れるような環境をもつ学校であれば，マスクなしで活動することも
十分可能でしょう。

　要はその学校の実情に応じた判断が必要になる，ということですので，
感染防止対策に関する情報収集を綿密に行いながら独自の指針を作成し，
実施していくとよいでしょう。

Q． 今後どのようにマスクを外した活動を進めたらよいでしょうか。

A． 本書を執筆している2022年秋の段階では，マスクを強制的に外して音楽
活動を行うことに十分な社会的理解が得られているとは感じられません。
また，マスクを着用してきた時期があまりに長期にわたっているため，人
前でマスクを外すことを躊躇する子供たち，それを不安視する保護者が一
定数いることも事実です。

　ただ，設置されている環境や規模にもよりますが，きちんとしたルール
づくりのもとで一定時間マスクを外して音楽活動をしている学校も増えて

いるように思います。新型コロナウイルス感染症が，今後他の感染症と同等に扱われるまでに変わり，マスクを外して行動することに一定の社会的理解が得られるようになる中で，学校ぐるみで少しずつマスクなしの時間を増やしていくことが大事です。

Q. 鍵盤ハーモニカやリコーダーの学習が思うように進みません…。

A. 新型コロナウイルス感染症によるパンデミックも３年あまりが経過し，管楽器を授業で取り扱ううえでの感染防止対策に関する情報も充実してきました。社会活動や他の学校教育活動がこれだけ復旧している中で，校内で依然として管楽器だけが使用できない状態が続いているのであれば，それは学校全体が思考停止に陥っていると言わざるを得ません。学校の実態に即した何らかの方策を検討し，少しでも学びの遅れを取り戻す努力をしていくべきです。

　使用できない状況が長く続いた学校では，前学年で学ぶ内容ができないまま年度をまたいでいることもあるかと思います。そのような場合，つい焦って指導してしまいがちですが，急かすような指導は，子供たちにとって即楽器嫌いに結びついてしまいます。その学年の教科書に記載されている内容を完全に履修することにこだわらず，大らかな気持ちで前学年，あるいは前々学年の復習から，「楽しむこと」を大切に少しずつ取り組ませていくとよいでしょう。

　また，学習指導要領では，器楽の学習活動においてこれらの管楽器を必ず使用しなければならないと規定しているわけではありません。マスクを外せない状況下においては，別な楽器による学習を検討することも選択肢となるでしょう（実際に中学校などでは，アルトリコーダーは購入せず，「楽器レンタルサービス」を活用して，ヴァイオリンやギター，あるいは箏，三味線などの学習を進めている学校もあるようです）。

COLUMN 03

自分が感染！　さあ，どうする?!

　人生には，予想もできないことが起こるものです。また，どんなに対策を
しても，アクシデントに見舞われる可能性は誰にでもあります。2020年秋，
筆者はいわゆる「流行り病」に罹患しました。音楽会を一週間前に控えての
時期です。苦労して準備してきた音楽会を目前に，最初は途方に暮れました
が，幸いにも音楽会当日には出勤できることがわかりました。「これはやり
切るしかない！」…そう腹をくくり，自宅からリモートで準備を進める決心
を固めました（以下は，病気の療養中には決して推奨されることではありま
せん。やらないで済むように役割分担や準備を進めておくのが一番です）。

　幸いにも，勤務校とは自宅のパソコンからネットサービスを介して連絡を
取り合うことができました。そこで，Google Classroom でそれぞれの先
生に準備しておいてほしい事柄を少しずつ伝えていきました。また，オンラ
イン会議システム（Zoom）を使い，体育館でのステージ練習の様子を視聴
して気づいたことを伝えたり，音楽会前日には会場の様子を確認しながら，
準備の指示をしたりしました。普段は学校から自宅にいる子供たちのために
使っているこうしたオンラインツールによって，今回は教師である自分が助
けられることになったのです。

　今回の事態から得られた教訓は，「音楽会の準備はできるだけ早めに行っ
ておいた方がよい」ということ（これに救われました…），そして，このよ
うな災難が自分に降りかかったときに多くの人が支えてくれるよう，人間関
係を常日頃から築き，感謝の気持ちを忘れない，ということです。多くの場
合，音楽教師は学校１〜２人という希有な存在です。「自分に何かがあった
らどうする？」…そんなリスクマネジメントの重要性について，深く考えさ
せられた出来事でした。

第 5 章

音楽行事継続
に向けてのアクション

36 感染症禍で
音楽行事を計画する

感染症が蔓延している中で音楽行事をどのように実施していくかは，非常に悩ましいところです。実施時期や実施方法については，学校の規模や立地条件，地域の感染状況などの実施要件が様々である以上，「これが答え」というものは存在しません。学校教育活動をこれ以上停滞させないために，様々な情報を持ち寄り，各学校が独自に「これならできそう！」という落としどころを探して，できる範囲で実施していくしかないのです。

基本は継続実施のスタンスで

各校で行われてきた音楽行事は，授業やクラブ活動などの成果発表の場としてとても重要です。集団で音楽をつくり上げることは，多くの子供たちにとって学校でしか経験できないものであり，保護者や仲間たちなど多くの聴衆の前で演奏することもまた，学校でしか味わえない貴重な体験だからです。

運動会で光り輝く子がいれば，こうした音楽会で光り輝く子もいます。感染症の状況を踏まえてこうした行事の実施判断が学校に委ねられている今，どさくさに紛れてこのような貴重な経験の場をなくしてしまうのか，それとも価値ある活動として継続していくのか，冷静な判断が求められます。

内容そのものは見直しを図るチャンス

2019年から始まったパンデミックの間に，教師の働き方に対する考え方は大きく変化しました。教師が大きな自己犠牲を払い，打ち上げ花火的に行う

ような音楽行事では，今後持続させることが難しくなっていくでしょう。選曲や練習方法，会場の設営，装飾，広報に至るまで，見直せるべき点はないか校内の教科部会などで検討し，最小限の労力で最大限の教育効果が得られる音楽行事を目指しましょう（このように内部から改革の検討を図っていくことは，「廃止」という究極の判断をされないためにも重要なアクションだと思います）。

年度の早い段階で実施判断をしない

感染症の蔓延状況は刻々と変化しており，未来の状況を予測することは，とても困難です。4月当初に感染が拡大していたとしても，半年後の10月にそのような状況が続いているかどうかはわかりません。

実施の可否や形態を判断する時期に感染拡大がピークを迎えていると，どうしてもそのときの状況を基準に慎重な判断をしてしまいがちです。できる限り直近の，当日の感染状況を見極められそうな時期に最終的な判断を下しても大丈夫なよう，準備を進めておくとよいでしょう。

できるだけ「聴く相手」がいる行事に

行事の主役である子供たちにしてみれば，誰かしら演奏を聴いてくれる観客がいた方が，取組へのモチベーションが上がるものです。録画やオンラインを通して，家族や友達に見てもらうという方法もあるのですが，少しでも本番の演奏に聴く相手が同席できそうな環境なのであれば，感染対策を万全にしたうえで実施を検討すべきです。保護者や地域の方に聴いてもらえるのがベストですが，難しいようであれば同学年の仲間，あるいは学年ごとの縦割り学級（1組クラス，2組クラス…）同士で聴き合うのでもよいでしょう。同学年の仲間であれば，他のクラスの同レベルの演奏を聴き比べることができますし，縦割り学級にすると，各学年の演奏曲を1曲に縛ることができ，なおかつ異学年間で音楽を通した交流ができるというメリットが生まれます（次項で詳しく説明しています）。

37 感染症禍で対面音楽会を実施する ①人員構成編

音楽会の目的実現と感染防止対策を両立させる

音楽会の目的は，授業で積み重ねてきた表現学習の成果を多くの人たちの前で披露し，音楽表現による感動体験を同じ空間で共有することです。演奏者も観客も，多ければ多いほど音楽をともに楽しむ一体感が生まれ，会は盛り上がりを見せます。しかし，残念ながらそのように会場を埋め尽くすほどの人を集めて行う音楽会は，感染防止の観点からまだしばらくはできない，と考える学校も多いはずです。

感染拡大が落ち着くまでの今しばらくの間は，音楽会の目的実現と感染防止対策を両立させながら，その学校における最適な方法を模索していく必要があるのです。ここでは，筆者が勤務する学校の音楽会開催に向けたプロセスについてご紹介します。各学校によって環境はまちまちですので，あくまで実施に向けたプロセスや方策を参考にしていただければと思います。

どのような人員構成で集まる音楽会にすればよいのか

おそらく，パンデミック以前に行われていた音楽会は，「全校児童が一堂に会して」あるいは「保護者を全て集めて」というように大規模で行われていた場合が多かったはずです。その場合，学校の規模にもよりますが，約1000人程度の人が体育館で同時に過ごしていた場合もあるでしょう。しかし，感染症流行下においては，飛沫感染を極力防ぐための人と人との距離を考えると，いくら広い体育館といえども，入場人員は大幅に抑制しなければなり

ません。私の勤務校ではその人数を200〜250人程度と考えたのですが，問題はその人員構成をどのようにするかでした。そこで，改めて音楽会を開く目的に着目し，演奏を披露する目的という視点において何を優先し，何を犠牲にすべきかを考えてみました。

<「演奏を披露する」という視点で考えた，音楽会を開く目的>
①同じ学年の仲間同士で互いの演奏を聴き合い，学年，学級の結束を強める（私の学校は学級ごとに演奏しています）。
②異学年同士で互いの演奏を聴き合い，上級生への憧れや下級生を意識したプライドを醸成する。
③保護者に，学校の教育活動を広く知ってもらう。

①の同学年での参観は体育館の収容人数的にはピッタリで，音楽を通して絆を深めるよい機会なのですが，学年内である程度時間の融通がつくので，音楽会の同じ時間に一緒にいる必要はない，という考えに至りました。また，②は学校の音楽文化を形成していくうえで重要な視点であること，③は開かれた学校づくりのために欠かせない視点であることから，何とか両方の目的を同時に達成する方策がないかを探ることとなりました。上記のような議論を経て，最終的に選択した方策は次のようなものでした。

・学級ごとの「縦割り音楽会」とする。
・音楽会を２日間開催とし，金曜日を児童の参観日，土曜日を保護者の参観日とする。
・音楽会の様子を映像で収録し，後日校内や家庭にオンラインで配信する。

上記の方策についての具体的な内容を，次項でご紹介したいと思います。

38 感染症禍で対面音楽会を実施する ②実施方法編

　前項でお示しした，音楽会実施に向けた方策の内容をご紹介します。あくまで私の勤務校の環境における方策ですので，各学校の実情に沿った方策を考えるうえでの参考にしていただければと思います。

学級ごとの「縦割り音楽会」にする

　異学年同士が互いの演奏を見合うことができ，同時に感染予防対策のために収容人数を200～300人に抑える方法として考えたのが，学級ごとの「縦割り音楽会」です。この形で

縦割り型音楽会イメージ図

1時間目 1組グループ	2時間目 2組グループ	3時間目 3組グループ	4時間目 4組グループ	5時間目 6組グループ	6時間目 5組グループ
1－1	1－2	1－3	1－4	1－6	1－5
2－1	2－2	2－3	2－4	2－6	2－5
3－1	3－2	3－3	3－4	3－6	3－5
4－1	4－2	4－3	4－4	4－6	4－5
5－1	5－2	5－3	5－4	特別支援	5－5
6－1	6－2	6－3	6－4		6－5

※発表は1クラス1曲4分程度。
※通常時間割ではなく，特別時間割を設定。

<メリット>
・1回の参集人数を200人程度に抑えられる。
・異学年の演奏を聴くことができる。
・学年で1曲選べば良く，指導しやすい。

<デメリット>
・時間がタイト…。
・同じ学年の他学級の演奏を聴くことはできない。
　（録画映像を見ることはできる）

は，1年生から6年生までが学級ごとに集まり，「1組音楽会」「2組音楽会」…のような形で一日に縦割り学級分だけの音楽会を開きます。この場合，1学級を約35人とすると，1年生から6年生まで一度に集まる人数は210人程度に抑えることができます（同じように保護者の参観も各家庭1名にすることで，210人程度にすることが可能です）。

　一日に縦割りクラス分の音楽会を行うことになり，入退場に若干の時間を要しますが，その日だけの特別時間割を設定して各音楽会間の休憩時間を多めに取ることでクリアできます。同じ学年で見合うことがないので，演奏曲は学年で1曲だけ選べばよく，教師の負担軽減になることもメリットの一つといえます。

音楽会を2日間開催とし，児童と保護者の参観日を分ける

　勤務校は全校児童約1200名の大規模校ですので，どう考えても児童，保護者の両方が一日で参観する音楽会を開催することは困難でした。そこで，元々学校公開日となっていた土曜日を保護者のみの参観日とし，前日の金曜日を，児童同士の参観日に設定しました。

金曜日の児童だけの音楽会では，フロア前方に座っている1年生から順番に，時計回りでステージに上がって演奏します。

　そして，演奏終了後は同じく時計回りでフロアの自席に戻り，同時に次の学年（2年生）が同じく時計回りでステージに向かいます。また，土曜日の保護者のみが参観する音楽会では，児童はステージ脇にある出入り口から，自分たちの出番のときだけ体育館に入り，本番の演奏が終わり次第，同じ出入り口からすぐに退場することとしました。

音楽会の様子を撮影し，校内や家庭に配信する

　前述した通り，縦割り音楽会の方式だと同学年の他の学級の演奏を観ることはできません。また，保護者の当日の参観は1名に絞られますので，直接参観することのできない保護者が出てしまいます。また，ウイルス感染などに巻き込まれてしまった人は，音楽会当日は泣く泣く演奏への参加や参観を見送ることとなってしまうでしょう。こうした状況に少しでも応えるために，当日の音楽会の様子は全てタブレットで撮影し，ビデオ会議システムを用いてリアルタイムで配信することにしました。また，校内では，撮影した映像ファイルを校内サーバーなどに保管することで，各教室で好きな時間に好きな学級の演奏が視聴できるようになります。たくさんの人に音楽会の様子を伝えられるとともに，自分の演奏を振り返ったり，他人の演奏のよさに気づき，自己の演奏に生かしたりするためのよい機会になります。

テレビ（オンライン）音楽会を実施する

　感染症の蔓延状況が思わしくなく，体育館などに参集する形の音楽会開催が困難な場合，もし学級のみで授業中演奏することが可能なのであれば，テレビ（オンライン）音楽会を開催する，という方法もあります。この方法では，次のような段取りで映像記録による音楽会を実現していきます。

①学年あるいは学級ごとに演奏曲を決め，練習を進める。

②学級ごとの本番撮影日を授業時間内で設定し，周知する。

③体育館のステージ，あるいは多目的室や音楽室といった広い空間を本番用の撮影スタジオに見立て，撮影機材や照明器具をセットする。

④本番撮影日に学級ごとに集まり，ビデオカメラやタブレットを用いて演奏の様子を映像で記録する。

⑤（できれば）映像編集アプリを用いて，余分な映像の削除や音楽会テーマ，学級名や曲名などのテロップを入れ，音楽会としての体裁を整える。

⑥編集した映像を校内のサーバーやクラウド上に保管し，各学級の大型テレビにつないだタブレットなどから再生して学級ごとに視聴する。この際，全学年学級が同じ時間に視聴しようとするとネットワークに負担がかかり，映像がカクつくことがあるので，時間をずらして視聴するとよい。

⑦クラウドサーバー上においた各学級の演奏映像にリンクを設定し，Google Classroom や Microsoft Teams といった連絡手段上にコピーして保護者に周知し，視聴してもらう。学校や市町村のクラウドサーバーに外部からアクセスすることが困難な場合は，YouTube などの動画投稿サイトに映像を限定公開で投稿し，各家庭で視聴してもらう方法も考えられる。

リアルタイム配信も可能だが，リスクも考慮

　音楽会の様子を Zoom や Google Meet といったオンライン会議システムを使ってリアルタイムに配信することも技術的には可能です。オンライン会議システムに接続したタブレットやパソコンのカメラやマイクから，直接演奏の様子を撮影してリアルタイムに配信できます。

　ただ，この方法の場合インターネットの通信環境や状況によっては映像や音声が乱れ，家庭などからの視聴が困難になることも想定されます。必ず前述した④の方法で記録を残し，オンデマンド配信と併用して行えるように準備すると安心でしょう。

「オンライン音楽会」として家庭に配信する場合の留意点

　本来，音楽など他人の著作物を使用して学校からオンライン配信を行う際は，授業目的公衆送信補償金制度に加入したうえで，児童生徒に対象を限定として行うことが求められます（本書 pp.74-75参照）。ただし，学校行事である音楽会は授業の一環として捉えられ，学校を代表する活動して広く認知してもらうために，保護者や地域に対して公開することが特例的に認められています※。ただ，これはあくまで学校関係者のみが視聴できるということですので，映像のリンクは最低限の周知に留める，あるいは，YouTube などの動画投稿サイトに掲載する場合は，対象を必ず「限定公開」にするなどの配慮が必要となります。

　また，児童生徒一人一人の「肖像権」が関わってきますので，事前に保護者に映像の配信に対する了承を得る，あるいは了承が得られなかった児童生徒については映像に映らないようにする，などの配慮も必要です。

※著作物の教育利用に関する関係者フォーラム2021.11.9公表「改正著作権法第35条運用指針（令和3（2021）年度版）」の初等中等教育における特別活動に関する追補版に詳細が記載されています。

テレビ（オンライン）音楽集会を実施する

学級ごとに教室で行うテレビ音楽集会の検討を

感染症が蔓延している状況においては，体育館などに全校児童生徒が集まって集会を行うことを自粛している学校も多いかと思います。その場合，校内の放送回線やオンライン会議システムなどを用いて放送室や職員室から進行を行い，それを学級ごとに教室で視聴して参加することで集会という体裁をとっている学校も多いのではないでしょうか。

音楽集会は，全校児童生徒が一堂に会し，共通の歌を歌うことで学校全体の連帯感を高めたり，各学年の音楽学習の様子を知り合ったりすることを目的に，小学校を中心に今まで盛んに行われてきました。「今月の歌」を決めてみんなで体育館いっぱいに歌声を響かせたり，学年発表などで互いの演奏を聴き合ったりすることは，学校全体の連帯感や音楽文化を形成するうえでとても重要な役割を果たしてきたと思います。それがパンデミックによってできない状況が続いていることは，何とも残念でなりません。

しかし，いつまでもこうした集会を行わずにいるわけにはいきません。学校全体の音楽文化を維持していくために，教室で学級ごとに行う，テレビ（オンライン）による音楽集会を検討，実施してみてはいかがでしょうか。

事前に映像を収録する「オンデマンド型テレビ音楽集会」

テレビやオンラインによる集会には，様々なやり方がありますが，教師や

子供たちがあらかじめ集会の段取りを決め，事前に撮影や使用する音源の編集を行い，できた映像を当日各学級で視聴するオンデマンド型の音楽集会にすると，当日慌てずに，質の高い集会にすることができます。

①音楽集会全体の構成を考える（毎月共通のタイトル映像などをあらかじめつくっておくとよい）。

②プレゼンソフトなどで音源の入った歌詞スライドをつくり，映像化しておく。

③教師や児童生徒が司会をする様子を撮影し，タイトル映像や歌詞映像とともに編集する。

④できた映像をテレビ放送システムで流したり，ファイルを学校サーバーに保存して各教室のパソコンにダウンロードし，大型テレビで視聴したりする（各教室からサーバーにある映像ファイルに同時刻に直接アクセスすると映像が途切れる場合があるので，あらかじめダウンロードして視聴することを担当に薦める）。

テレビから飛び出す演出が楽しめる「リアルタイム型テレビ音楽朝会」

　オンライン会議システムや校内の放送システムを使い，放送室や音楽室からリアルタイムで集会を行うことも考えられます。司会をする教師や児童生徒は，各教室での子供の動きを想像しながら，「立つ合図」「座る合図」などの指示をしたり，各教室から聞こえてくる歌声に耳を傾けて，その感想をリアクションいっぱいに話したりするとよいでしょう。

　歌を歌っている間には，実際に各教室に赴いて指揮や歌う仕草などをしてあげると，「先生がテレビから飛び出して来た！」と子供たちは歌いながらニコニコ笑顔になります。また，クリスマスや節分の季節の音楽集会では，他の教師にお願いをして，サンタクロースやトナカイ，鬼の格好などをしながら廊下を練り歩いてもらうと，各教室で大いに盛り上がります。

41 テレビ（オンライン）ミニコンサートを開く

音楽で光り輝く子の発表の場を設ける

校内には，ピアノや管弦打楽器，和楽器といった，音楽に関連する習い事に一生懸命取り組んでいる子供たちがいます。そのような子は，音楽会で伴奏を担当したり，クラブ活動で演奏したりしない限りは，校内でその腕前を披露する機会がありません（普段の学校生活の中ではそうした「その子の別な一面」を知らない教師や友達も結構います）。

校内の音楽行事やクラブ活動が制限されることが多い今，このように音楽を愛好する子供たちの存在を，多くの友達や教師に知ってもらうために始めたのが，昼の給食時間に演奏する様子をテレビ（オンライン）で流す「校内リトルミュージシャンコンサート」の取組です。

現在対象としているのは４年生以上で，自薦もしくは他薦によってノミネートしますが，本番で恥をかくことがないよう，教師による事前の演奏チェックを必ず行うようにします（こうしたコンサートをはじめて開く場合は，目をつけていた子供に教師から声をかけて演奏してもらい，それを見本として次回以降の出演者を募るとよいでしょう）。コンサートは，学期に数回の割合で設定し，一回のコンサートの出演者は給食の時間内に終わるよう２～３人程度に留めます。

演奏の録画（録音）は，雑音の少ない放課後に音楽室などで行い，ビデオ

カメラや IC レコーダーなどを用いて行います。できれば複数台のビデオカメラやタブレットを用意し，いくつかのアングルから同時に撮影を行い，後に映像編集アプリで音声は流しっぱなしにして映像のアングルのみを切り替えるようにすると，まるでプロの音楽家が演奏しているかのような映像になります。さらにタイトルや演奏者の名前，演奏曲名などをテロップで入れると，よりテレビ番組のような仕上がりとなるでしょう。

　こうしてできた映像は，「テレビ音楽会」でご紹介したものと同じ方法で各教室で流します。各家庭に流すことも技術的には可能ですが，大人が絡んでくると，出演に関してヒートアップし，面倒になることが予想されるので，校内だけでの紹介に留めています。出演してくれた子供の保護者だけに演奏映像を閲覧してもらい，頑張った様子を伝えるとよいでしょう。こうした機会を通じて音楽に理解のある保護者と接点をもつことができ，後に協力を仰ぎやすくなります。

授業やクラブ活動での取組を紹介するなど，アイデア次第

　習い事をしている個人に留まらず，各学級が授業中に取り組んだグループ演奏やクラブ活動の演奏を紹介したり，地域で活躍する音楽家や団体に演奏を披露してもらったりするなど，校内外で行われている様々な音楽活動を紹介する「学校音楽情報番組」に発展させることも考えられます。

　このような発表の機会を設け，子供たちに誰かが聴いている，聴くかもしれない，という意識をもたせることによって，練習中のモチベーションや，演奏への集中力を高めることも期待できるでしょう。

こなっしーはこう考える！
音楽行事実現に向けたアクションQ&A

Q. 働き方改革の一環として校内の音楽行事の見直しを図るように求められました。どのような方法が考えられますか。

A. まず考えられるのが人的負担の軽減です。前日までの準備では，会場の装飾やプログラム製作を学年で分担するなど，必要以上に労力を費やしていることはないでしょうか。音楽を楽しむ会なのですから，これらは必要最低限のものに精選していくべきです。体育館の壁にスクリーンを設置し，プレゼンソフトのスライド（何度でもリユース可）を駆使してプログラムなどを表示するのもよいでしょうし，音楽会に関する保護者への連絡はGoogle Classroom や Microsoft Teams で行えば，紙のプログラムを印刷して配付する手間も省けます。

　また，当日の仕事分担では，音楽教師が全て伴奏を行うなど，役割が集中しすぎていませんか。伴奏者が確保できないのであれば，音源を使って伴奏を行うこともやむなしだと思いますし，ピアノが得意な子供がいるのであれば，どんどんお願いすべきだと思います。

　次に考えられるのが，時間的負担の軽減です。音楽会や合唱コンクール，あるいは音楽朝会の学年発表といった行事に，音楽の授業や特別活動の時間を大幅に割いて取り組んでいるようなことはないでしょうか。このような行事は本来，授業中の成果の発表の機会と捉えるべきで，音楽科の年間指導計画の中にきちんと位置づけられて実施されるべきものです。限られた練習時間の中でも十分演奏者や聴衆が満足できるものになるように，無理のない計画を立てるべきです。

　「毎年行われてきたから」「保護者や地域が期待しているから」という理由で，教師や子供たちにしわ寄せがいくような行事では，いつか破綻して

「全てやめた方がよい」という究極論に結びついてしまいます。バッサリと削れる部分は削り，持続可能な行事となるように工夫していきましょう。

Q．中止が数年続いたことで，音楽会のイメージがつかめなかったり，モチベーションが湧かなかったりする児童がいます。

A．小学校低学年の児童の中には，幼稚園や保育園のときからこのような行事が中止となり，学校で行われる音楽会そのもののイメージがつかめない児童もいます。そのような場合，授業やテレビによる音楽朝会などの中で前回実施された音楽会の映像を流すなどして，人前で演奏する「音楽会」のイメージを視覚的に捉えさせるとよいでしょう。

　また，実際に体育館のステージ付近に児童を連れていき，大きな空間にたくさんの人が集まる中で演奏するというイメージをつかませるという方法もあります。長期にわたる発声や管楽器を使った表現活動の停滞により，人前で音楽表現することに抵抗を感じる児童もいるでしょう。久しぶりの開催となるのであれば，いきなり大曲に挑戦するようなことはせず，少し頑張れば誰でも演奏できるような（教科書に記載されているような）曲を選択すべきです。

　高学年であれば，候補曲を複数提示し，その中から自分たちが演奏したい曲を自ら選んで取り組ませることで，学級や学年全体のモチベーションを高めながら，個人がその雰囲気に自然に飲み込まれていくようにするというのも一つの方法です。いずれにせよ，学級や学年としてのまとまりを意識して進めていくことが重要となりますので，学級担任の教師としっかりと連携して指導を進めていくとよいでしょう。

COLUMN 04

3年ぶりに開かれた音楽会

　2020年10月に，勤務校である戸田東小学校の音楽会が行われました。前回のコラムで筆者が直前に病に倒れ，窮地に立たされたことをお話ししましたが，当日は無事に復活し，何事もなかったかのように音楽会を進めることができました。

　第5章でお話ししてきた通り，戸田東小は1日に6回音楽会を行う学級ごとの「縦割り音楽会」にしました。当日参観した保護者の確認については，学校の入口付近に二次元コードを設置し，Googleフォームを使って家族の誰が参観したのかを確認できるようにしました。一回の音楽会には，2日間とも約200人が体育館に集まるのですが，観客席には程よい間隔があり，隣人を気にせずに参観することができたと思います。音楽会が始まる前，前面のスクリーンには感染症禍や音楽会におけるマナーを徹底するよう促すプレゼンソフトのスライドを自動再生し，児童や保護者へ注意喚起を行いました。各音楽会の児童や保護者の会場への出入りも大変スムーズで，感染症禍で音楽会を実施することに対し，参観された方々は皆一様に大変協力的であったと思います。

　各音楽会は約45分間というものでしたが，その中で1年生から6年生までの演奏を聴くことができるので，「6年間の成長を実感できた」「高学年の演奏が素晴らしく目標ができた」「可愛らしい低学年，元気な中学年，美しい歌声の高学年とバラエティに富んでいた」など保護者，教師，児童それぞれから大変好評でした。本校のような大規模校が無理なく校内で音楽会を実施するには，このような方法が最適なのではないかと感じています。

第 **6** 章

音楽教師の働き方改革
アクション

42 音楽教師のテレワーク ①機器準備編

　パンデミックをきっかけに，官公庁や民間企業を中心に，出勤せずに自宅で業務をこなすテレワークが盛んに行われるようになりました。学校の教員は，児童生徒が登校してくる，あるいは学校からオンライン授業を行うということが多いため，テレワークで仕事をする機会はさほど多くなかったと思います。しかし今後，感染症の濃厚接触者になる，あるいは自然災害などによって，元気なのだけれど職場に行くことができない，などの事態が起こるかもしれません（実際に筆者はそのような機会に見舞われました…）。

　また，最近は土日などを中心に，オンラインによる教育セミナーや勉強会が盛んに行われるようになっていますが，そうしたイベントに参加するためには，オンライン会議システムに接続するための機器が必要になります。こうした社会の動きに対応するため，教師も自宅からパソコンなどを使い，ある程度の業務をこなせる環境をつくっておいた方が得策といえるでしょう。

最低限必要なもの…ネットワーク，カメラつき端末

　自宅からインターネットでリアルタイムに映像のやり取りをする場合，安定したネットワークに接続されていることが重要になります。光回線など，安定したネットワーク回線が住居に届いており，パソコンなどに有線で接続することができればまず問題ないのですが，Wi-Fi ルーターなどや NTT ドコモや au，ソフトバンクなどの携帯電話回線を使って無線でインターネットに接続する場合，家の中でもつながりやすいところとそうでないところが出てきます。ブラウザの表示が遅い，あるいは画面が度々カクつく，音声が途切れるなどの状況がある場合には，場所を変えるか，無線中継器のようなものを使い，電波を強くした状態で接続するとよいでしょう。

また，接続するだけならスマートフォンでも大丈夫ですが，資料を提示する，あるいは相手から提示された資料を見ること考えると，タブレットやパソコン，あるいは外づけのディスプレイなどを使い，大きな画面で見ながら作業をした方が楽です。

あった方がよいもの…性能のよいパソコン，マイク，ヘッドフォン

　画面がカクついたり，音声が途切れる原因の一つとして，端末の性能不足が考えられます。安定して接続したい，また，作成した資料を画面共有などで提示したいということであれば，ある程度の高い性能をもったパソコンやタブレットを用意した方がよいでしょう。パソコンは据え置き型でもノート型でもどちらでも大丈夫ですが，ノート型のものにははじめからカメラやマイクがついており，可搬性にも優れているのでお薦めです。

　また，端末に付属するマイクの性能が悪いと，相手にクリアに届きませんので，USB端子に直接接続できるマイクや，ヘッドフォンとマイクが一体化したヘッドセットと呼ばれるものを用意するとよいでしょう。相手の音を家族に聞かれたくない，あるいは音をよりクリアに聞きたいようであれば，ヘッドフォンの使用をお薦めします。

さらにあった方がよいもの…ライト，グリーンバック

　簡易型のライトを端末近くに置いて自分を照らすことで，明るくよい印象をつくり出すことができます（相手にきちんと意思や考えを伝えたい場合，表情がしっかり相手に伝わることも重要な要素です）。また，オンライン会議システムなどには，自宅の様子を映さないようにするために，別な背景を人に重ね合わせて見せる「クロマキー合成」という機能があります。そのままでも合成はできますが，グリーンバックと呼ばれる緑色のスクリーンを座席の背面に設置すると，よりはっきりと自分を際立たせることができます。

43 音楽教師のテレワーク ②オンラインサービス活用編

教師の働き方改革の鍵を握る「オンラインサービス」

　本書の第2章や第3章では，子供たちが様々なオンラインサービスにアクセスすることで，学びの可能性が広がることについて述べてきました。これは教師も同じで，オンライン上の様々なサービスを活用することによって，煩雑な業務が大幅に改善される可能性をもっているといえます。しかし，問題はこうしたサービスを教師がより自由に使用できる体制が整っているかどうかです。

　校内にあるパソコンやタブレットからは，学校管理者が決めたオンラインサービスに簡単にアクセスできます。これは校内のパソコンが高いセキュリティによって管理されたサーバーで一元管理されているからなのですが，さらに一部の自治体では，働き方改革の一環として，こうしたサービスの一部を，自宅などからアクセスできるようにする取組が始まっています。これが実現すると，教師はいつまでも学校に残って仕事をするのではなく，自宅をはじめあらゆる場所で業務に関連する作業を行うことができるようになります。

＜オンラインサービスの活用で自宅からできるようになる主なこと＞
・授業計画の作成，校内スケジュールの調整
・子供たちへの連絡，教職員間での連絡調整
・自宅で作成した教材ファイルなどのクラウド上への保存，子供たちへの配付と周知

使用者に求められる「正しい知識と高い情報モラル意識」

　ただ，このようなサービスを教師が学校の外で利用していくためには，オンラインサービスそのものや，オンライン上で情報を扱うための正しい知識や高い情報モラル意識が欠かせません。子供たちのプライバシーを守るため，自宅にいる場合でも学校にいるときと同じように，情報の管理には細心の注意を払う必要があります。教育委員会や学校が定める利用ガイドラインに添い，全ての教職員が高い情報モラル意識を持って活用していくことによって，こうした便利なサービスを使い続けることができるようになるのです。

安全かつ快適な「クラウドストレージ」

　皆さんは，USB メモリや外づけハードディスクなどの「外部記憶装置」を使ったことはありますか。昨今では，装置の紛失事故などの報道が続いたことにより，こうした機器を私的に使用することを禁止している自治体や学校も多いかと思います。ただ，このような装置を使うことができないとなると，全ての業務を学校で行わなければならず，作業が終わるまで学校にいなければならないのは，自由な働き方を阻害する何とも不自由な話です。

　この煩わしさを解消してくれる鍵を握るのが，オンラインサービスの一つである「クラウドストレージ」の活用です。クラウドストレージは，簡単にいえば作成したファイルをインターネット上に保管してくれるサービスです。有名なものでは，Microsoft OneDrive，Google ドライブ，Dropbox などがあります。

　クラウドストレージが活用できるようになると，例えば，自宅のパソコンで作成した Microsoft Word や Microsoft Powerpoint などの教材ファイルをクラウドストレージにアップロードし，学校のパソコンでダウンロードして授業などで活用する，といったことが簡単にできるようになり，とても便利です。こうしたサービスを教師がより安全かつ快適に扱えるよう，環境整備が待たれるところです。

44 音楽教師のテレワーク ③オンライン会議・研修参加編

　前述した通り，一般企業や官公庁では自宅で仕事をするテレワークが盛んに行われるようになり，教育現場でも会議や研修会がオンラインで開かれるようになりました。実際に現地に足を運び，雰囲気を感じ取ってこそ得られる収穫もありますが，オンラインによる会議や研修会が増えることで，今まで遠方だったために参加を諦めていたものに参加できるようになるというメリットが生まれます。学校で孤立無縁になりがちな音楽教師にとって，こうしたオンラインによる情報収集は，自分のスキルアップのために今後もとても重要になるでしょう。

オンライン会議システムの種類

　オンラインで行われる会議や研修会は，オンライン会議システムを活用して行われます。主なところで，以下のようなものがあります。

> Zoom…アメリカの Zoom ビデオコミュニケーションズが運営するオンラインビデオ会議サービス。
> Google Meet…アメリカのグーグルによるオンライン会議サービス。
> Microsoft Teams…アメリカのマイクロソフトが運営するオンライン会議サービス。
> Webex Meetings…アメリカのシスコシステムズによる Web 会議サービス。

　それぞれに長所短所があるのですが，日本国内の音楽教育に関わる大きな学術会議や研修会などでは Zoom を使って行われることが多いように思い

ます。所属する学校の自治体や法人が使用する Web 会議システムの他に，汎用的に用いられる Zoom アプリケーションの操作方法も知っておいた方がよいでしょう。また，それぞれのサービスは，アカウントをもたなくてもオンライン会議や研修のサービスを利用できますが，アカウントをもつことで，自分がホストになって会議ができるなど，使用の幅が広がります。アカウントは無料でつくることができますので，ぜひ試してみてください。

オンライン会議や研修に参加する際に留意すること

多くの人数が集まる会議や研修会に参加する場合は，原則として「マイクはミュートにする」「カメラは OFF にする」がマナーです。マイクをミュートにするのを忘れ，家族との会話が全ての参加者に聞こえてしまった，というようなミスがないよう，まず最初に確認しましょう。逆に，自分が発言をする場合は，カメラを ON にして話すのがマナーです。オンライン研修会では，講師が参加者の反応を知るためにカメラを ON にすることを求めてくることもあります。研修会などにオンラインで参加する場合は，たとえ自宅にいるとしても，ある程度身なりを整えて参加した方が無難です。自宅の様子を見られたくない場合は，各オンラインサービスが用意している「バーチャル背景」などを活用し，自分を映しながら背景を変えることもできます。

会議や研修で音楽を扱う場合，音声の設定に工夫を

オンライン会議システムは，映像や音声など，たくさんの情報をインターネットを介して瞬時にやり取りします。そのため，通信環境によっては映像や音が途切れたり，音質がよくなかったりする場合があります。また，オンライン会議システムは，人の声をクリアに聞き取ることができるように最適化されているため，初期設定では，音楽が綺麗に再生されない場合があります。設定画面からマイクやスピーカーの音質に関わる項目を見つけ出し，「音楽を忠実に再現する」などの項目を見つけて機能を ON にしておきましょう。これだけでもかなり音質を改善することができます。

45 音楽科の「ペーパーレス化」を進める

　現在，紙資源の使用を減らしていこうと，社会全体で様々な取組が進んでいます。学校はそのような動きに遅れをとり，紙媒体に依存している状況が続いてきました。中でも音楽科は，子供たちに配付する楽譜やワークシート，合唱の伴奏譜や吹奏楽などのスコアやパート譜と，紙媒体を大量に使う教科であるといえます。音楽室や音楽準備室には，長年使われてきた紙媒体が大量に残っており，保管場所や処分に困っている，という学校も多いのではないでしょうか。しかし，校務の ICT 化や GIGA スクール構想の実現により，いよいよ日本の学校も紙文化から脱却し，電子データへ移行しようとする動きが本格化してきました。

タブレットの活用で実現する紙媒体から電子データへの移行

　GIGA スクール構想により1人1台端末が，児童生徒一人一人に貸与されたことにより，今まで配付していた紙の楽譜やワークシートを大幅に減らすことが可能となりました。まず，子供たちの学習状況を把握するために用いていたワークシートは，タブレットでア  クセスできる様々な学習支援アプリや思考ツールが使用できるアプリにその役割を移行させることができます。今までは教師が授業でワークシートを活用しようとする場合，作成→印刷→配付→回収→評価→返却と，大変手間がかかりましたが，これがタブレットの中で全て完結してしまうわけです。

また，ワークシートは子供たちに返却すると，場合によってはあっという間に散失してしまいますが，作成したデータをサーバーに学習記録として保存することで，ポートフォリオ化していつでも振り返ることができるようになります。

　それから，タブレットの中に楽譜を電子化して保存し，演奏で活用することも実現できます。スワイプあるいはピンチインといったタブレット特有の操作によりページの速やかな移動や拡大などができ，紙の楽譜と同じような感覚で演奏中に用いることができます。ただ，画面が小さいことによる見にくさは否めず情報量の多い楽譜の表示には難がありますが，端末内にいくらでも楽譜データを保存しておけるという利便性はそれに勝るものがあるでしょう（実際にプロの音楽家でも，タブレットを本番中に使用する人をよく見かけるようになりました）。

「ドキュメントスキャナー」を使って，紙媒体を電子データに

　紙媒体を電子データにする場合，一番簡単な方法はスマートフォンやタブレットのカメラで紙を直接撮影して保存する方法です。中には撮影した画像を，電子データとして管理しやすい PDF 形式に即座に変換してくれるアプリなどもあり便利です。ただ，この方法だと大量の楽譜や書類をデータ化する場合，かなりの時間や労力を使うこととなってしまいます。

　このような場合，書類を電子データ化することに特化した機器である「ドキュメントスキャナー」を用いると，数十枚～数百枚といった大量の紙でもあっという間に電子データ化することができます。例えば，子供たちが作成し，回収した大量の紙のワークシートも，このようなスキャナーでスキャンして電子データ化することで，パソコン内でも簡単に管理，閲覧することができるようになるのです。

46 音楽教師向けの最新教育情報を集める

音楽教師の「孤立無援」を何とかする

　小学校で「音楽専科」という立場でいる方や，中学校，高等学校で音楽を担当される先生の中には，「学校の中で音楽を専門に担当する教師が，自分一人だけ」という方も多くいらっしゃるのではないでしょうか。そのような場合，授業や教科経営について詳しく尋ねることができる先生が校内におらず，孤立無援で悩まれている先生も多いかと思います。

　今，本書のこの部分を読み進めて「自分がまさにそうだ！」と思われた先生，どうか自分だけが一人ぼっちだ，と思わないでください。同じ悩みをもった先生は全国に数多くいますし，そうした先生方によるコミュニティは，インターネット上を中心にどんどん広がりつつあります。勇気を出して，そういったコミュニティの扉を叩いてみることで，世界は大きく広がります。音楽科の教科運営や指導に関する最新情報を得るには，大きく分けて次のような方法があります。

音楽教育雑誌や書籍を購入する

　様々な情報を得るオーソドックスな方法は，音楽の教科指導法に関する雑誌や書籍を購入することです。日本で唯一といえる音楽教育専門月刊誌である，音楽之友社の『教育音楽小学版，中学・高校版』には，月ごとの特集記事やお悩み相談室，研修会の開催情報など，学校音楽教育に関連する様々な情報が掲載されています。また，大きな本屋さんに行けば，教科運営や指導法に関する様々な書籍を目にすることができるでしょう。

音楽教育関連のホームページを参照する

　文部科学省や文化庁，地域の自治体，ある
いは教科書会社や音楽出版社，楽器メーカー
には，インターネット上に独自の Web サイ
ト（ホームページ）があります。こうしたサ
イトは情報量がとても多く，理論的な情報を
得たいときには大変参考になります。また，

現職（元現職）の教師が発信するサイトを閲覧して情報を得る方法もありま
す。私を含め全国で何人かの先生が情報を発信されており，教師目線での
様々な情報にふれることができます（詳しくは私の HP のリンクから探し
てみてください）。

音楽教育関連のセミナーや勉強会に参加する

　音楽教育関連のセミナーや勉強会に参加して情報を得る方法もあります。
これらはパンデミック以前は全国各地のいずれかの場所に集まって対面で行
われることが多く，やや敷居が高いイメージがありました。しかし最近では，
それらのほとんどがオンラインでの開催に変わってきていますので，全国の
どこからでも気軽に参加できるようになってきています。

SNS 上の音楽教育関連のコミュニティを探す

　Facebook や LINE といった SNS の中にも，音楽の教科研究に関する
様々な情報を持ち寄る「グループ」や「オープンチャット」と呼ばれるもの
が増えてきました。これらのコミュニティでは，全国各地の先生方から最新
の教育実践情報が持ち寄られてとても参考になりますし，OFF 会と呼ばれ
るような，同じ立場のような人たちが集まってざっくばらんに話し合う（愚
痴を言い合う？）場もあります。このような場を上手に活用しながら，情報
収集や同じ立場の先生方との交流を図っていくとよいでしょう。

47 音楽教師の「伴奏」を考える

音楽教師＝ピアノが上手，ではない

　一概に「音楽教師」と呼ばれていても，実際に学んできた専門は様々なはずです。音大でがっつりとピアノを学んだ人もいれば，趣味程度に嗜んでいたのに，履歴書に「ピアノ経験あり」と書いたばかりに音楽の授業を任されてしまった，という人もいるでしょう。また，ピアノがある程度得意であっても，はるか昔に弾くのをやめてしまったり，他の校務に相殺されて，なかなか練習ができなかったりする方もいることと思います。

　管楽器から音楽の道に入った私はどちらかというとピアノ苦手派の一人ですので，教師になりたての頃は伴奏にとても苦労したことを覚えています。楽しい歌なのに伴奏が難しくて楽譜に釘づけになり，つい眉間にシワが寄って歌の指導なんかそっちのけになってしまう…そんなこともよくありました。また，入学式や卒業式などの儀式的行事で国歌や校歌などの伴奏をするときには，それはそれは緊張して前日から眠れないほどでした。

人の手による「伴奏」がベスト

　しかし，やはりできることなら，伴奏は人の手によって生でするのに越したことはない，と思います。音楽の微妙なニュアンスを生み出せるのは人の手によるものですし，その方が演奏する側も伴奏との一体感を味わうことができ，豊かな音楽表現に結びつくからです。ですので，音楽教師と言われな

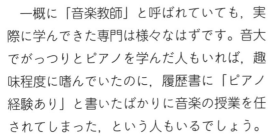

がらもピアノがあまり得意ではない場合，仲間の教師や子供たちに得意な人がいるのであれば，伴奏はその人に任せ，自分は指揮や指導に専念する，という体制を早めに整えた方がよいでしょう。

伴奏音源の活用はあくまでセカンドプランで

そして，これはあくまで伴奏を練習する時間が十分に取れない，あるいは他の伴奏者が見つからない場合のセカンドプランとして考えてほしいのですが，CD などの様々なメディアによる伴奏音源を上手に活用する，という方法もあります。小・中学校の音楽授業で歌われるようなポピュラーな楽曲は，ピアノやオーケストラによる伴奏音源が必ず存在します。よほどリタルダンドやアッチェレランド，フェルマータといった変化が激しい楽曲でなければ，それらに合わせながら演奏することは十分可能です。

最近は伴奏音源のキーやテンポをリアルタイムで変化させ，演奏に寄り添うことのできるアプリや機器も増えてきました。そのときの子供たちの声の状態に合った伴奏を再生しながら，教師がよりきめ細やかな歌唱指導を行うことで，演奏の上達を早められる，ということもあろうかと思います。

教師自身が音楽を楽しめる方法の選択を

元々ピアノが得意である，あるいは十分に練習時間を確保できる，というのであれば，今までのように，音楽教師が伴奏を担うことがあってもよいと思います。しかし，教師が多忙を極め，勤務時間内に練習する時間の確保が難しくなっている，あるいはそもそもピアノが弾ける教師の数が減ってきている現状においては，もはや教師による生伴奏は，常に求められるべきものではなくなっていると感じます（このことを理解せず，昔の感覚で無理強いする方がいるとすれば，それは一種のパワー・ハラスメントだと思います）。

自分の技量や時間と相談しながら，教師自身が音楽を楽しめる範囲で方法を選択していくとよいでしょう。

48 音楽教師の時間割を管理する（感染症禍編）

教科担任制の実施と感染症禍での時間割作成

　令和4年度から小学校でも本格的に実施が始まった教科担任制は，教師の専門性を生かして魅力ある授業が展開しやすくなること，教える教科が減り業務負担を軽減できること，また，多くの教師が接することで児童の成長をより多面的に見守ることができることなど，その効果が期待されています。一方で各担任が様々な学級に入ることで時間割は複雑化し，年度初めにパズルのようにコマを埋めていく作業はまさに「教務担当泣かせ」で，気の毒になってしまいます。

　また，以前別の著書で，年間を通した全ての授業実施計画を4月当初にあらかじめ作成し，担任に提示しておくという方法を紹介しましたが，これは平時には便利に機能するものの，今回のパンデミックのような状況においては，突然の予定変更を余儀なくされて当初の計画が崩れることが多いため，現在は行っていません。

　では現在時間割の管理をどう行っているかというと，年度当初に出される基本的な時間割をベースに，「1か月ごとの授業実施計画を各担任に提示する方法」をとっています。この方法には以下のメリットがあります。

①月ごとに提示することで，感染症などによる大幅な時間割の変更にも臨機応変に対応でき，授業計画を立てることができる。
②担任はこちらが提示した時間割に沿って音楽の時間の有無を確認し，他の予定とのすり合わせができ，自分の計画が立てやすくなる。
③年間でつくられる時間割通りに全て授業を行うと，授業時数が大幅に

超過することとなるため調整が必要になるが，音楽の授業者のペースで時数調整を行うことができる。

ただし，この方法は以下のことに細心の注意を払う必要も生じてきます。

①年間を通した授業の予定時数と，今まで実施した時数，これからの実施予定の時数を月ごとにモニタリングし，無理のない調整であるかを見極めて計画する必要がある。
②音楽の授業を実施しない時間には，必ず担任や他の教師がその学級の授業を行える時間に設定するようにし，自習にならないようにする。
③年度当初に，年間の授業時数が超過する旨を担任に伝えておき，調整のために授業を行わないことがあることに理解を求めておく。

　音楽教師は多くの学年・学級の授業を担当する場合が多く，授業時数の確保や授業の円滑実施のため，各学級に時間割の変更をお願いすることが多くあります。学級担任の先生方と綿密に連絡を取り合いながら，主張すべきことは主張して，無理のない授業計画を立てていきましょう。

令和4年度　音楽（小梨）時間割　5月30日～6月3日（3週）

	5/30月	5/31火	6/1水	6/2木	6/3金
1	4－3	6－2	4－1	4－6	
2	なのはな	6－4	4－2	4－3	
3	4－2	6－1	5－4	4－4	
4	4－4	6－5	5－2	4－1	
5	6－3	5－4	4－5		
6		5－3			
備考		6-5→時数調整	委員会	引き渡し訓練	小梨出張

令和4年度　音楽（小梨）時間割　6月6日～6月10日（4週）

	6/6月	6/7火	6/8水	6/9木	6/10金
1		6－2		4－6	5－3
2	なのはな	6－4	4－2	4－3	5－1
3	4－6	6－1	5－4	4－4	なのはな
4	4－4	6－5	5－2	4－1	6－2
5		5－4	4－5		6－3
6		5－1			6－1
備考	②4-6→6/3振替		クラブ		

令和4年度　音楽（小梨）時間割　6月13日～6月17日（1週）

	6/13月	6/14火	6/15水	6/16木	6/17金
1	4－3	6－2	4－1	4－6	5－3
2	なのはな	6－4	4－2	4－3	5－1
3	4－2	6－1	5－4	4－4	
4	4－5	6－5	5－2	4－1	6－4
5	6－3	5－4		4－5	
6		5－3			4－6
備考	午後小梨出張 ②4-4→6/13振へ				

令和4年度　音楽（小梨）時間割　6月20日～6月24日（2週）

	6/18土	6/21火	6/22水	6/23木	6/24金
1		6－2		4－6	5－3
2	なのはな	6－4	4－2	4－3	5－1
3		6－1	5－4	5－1	なのはな
4	4－4	6－5	5－2	4－1	6－2
5	6－3	5－2	4－5		6－1
6		5－1		6－1	
備考	土曜授業日		クラブ		

音楽教師の危機管理
①行事やりくり編

大事なときに我が身にもしものことがあったらどうするか

　音楽に専門で携わる教師は学校で一人，という場合がほとんどです。もし，その立場のあなたが重要な学校行事でピアノを弾くことになっていて，前日急に感染症に罹患して学校を休むことになってしまった場合，どのように対処するか，自身でシミュレーションができるでしょうか。現状ではこのような事態は誰にでも起こり得ることで，急に休んでしまった場合，他の教師や子供たちに大きな迷惑をかけてしまうことになります。

　事後の校内での立場や居心地が悪くならないようにするためにも，このような緊急的な状況に対するリスクマネジメントは常に行っておく必要があるといえるでしょう（健康が取り柄の人でも例外はありません。筆者も今までに何度か，大事な場面でこのような状況に陥り，天を仰ぎました…自戒の念を込めて…）。

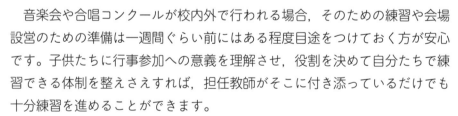

行事の準備は一週間前までに済ませておく

　音楽会や合唱コンクールが校内外で行われる場合，そのための練習や会場設営のための準備は一週間ぐらい前にはある程度目途をつけておく方が安心です。子供たちに行事参加への意義を理解させ，役割を決めて自分たちで練習できる体制を整えさえすれば，担任教師がそこに付き添っているだけでも十分練習を進めることができます。

　会場に設置する掲示物（看板，校内表示など）は，校内のどこに保管してあるのかを一週間ぐらい前までには把握しておくとよいでしょう。

音楽に理解がある仲間と情報を共有していく

　音楽が専門ではないにせよ，音楽が好きで行事に協力的であったり，「音楽部」という校務分掌の中で一緒に仕事を進めてくれたりする方が必ずいます。そのような方々とは常に行事の進捗状況などについて情報を共有しながら進めていくと，何かのときに必ず力になってくれます。

　自分だけの責任と思って背負い込まず，何かのときに自分の代わりとなって行動していただけるように，こちらから積極的に情報提供していくとよいでしょう。「音楽会通信」などを作成して配付し，進捗状況を全教職員で共有していくのも一つの方法です。

指揮・伴奏のセカンドプランを用意する

　自分が指揮，伴奏ができなくなってしまった場合，あるいは，子供たちができなくなってしまった場合，それぞれどのように対処するのか，セカンドプランを決めておく必要があります。指揮は楽曲をある程度把握し，練習に少しでも携わった人，また，伴奏は学年学級内の教師や子供たちで弾ける人に，あらかじめ依頼しておくとよいでしょう。伴奏をできる人がどうしても見つからない場合は，伴奏音源を使用することも考えられます。その場合，ピアノ付近にアンプを用意して PC などに接続し，できるだけピアノから出る音量と同じ音量で再生するようにするとよいでしょう。

テレワーク環境があれば自宅から準備指示

　もし Google Classroom や Microsoft Teams といった授業支援システムや，Zoom や Google Meet といったオンライン会議システムに自宅からでも接続可能なのであれば，自宅から学校にいる同僚の教師や子供たちに「やっておいてほしいこと」をリモートで指示することも考えられます。

　普段からこうした機能を積極的に活用していると，有事の際には，強力な助っ人になってくれることを実感できるでしょう。

50 音楽教師の危機管理 ②保護者クレーム対応編

音楽の授業や行事，あるいは部活動においては，子供たちとの人間関係がしっかり構築できてさえすれば，保護者からクレームを受けることはほとんどありません。

ただ，もしもそのようなクレームが保護者から入ったときに冷静に対応できるよう，保護者がなぜそのような行動に至った心情を理解するとともに，常日頃より備えをしておく必要があります。

保護者は基本的に「我が子が一番」

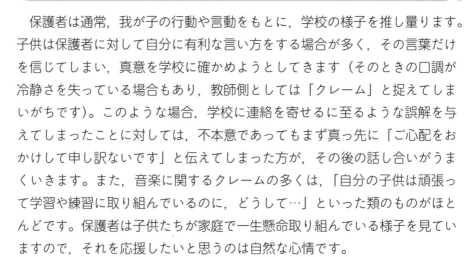

保護者は通常，我が子の行動や言動をもとに，学校の様子を推し量ります。子供は保護者に対して自分に有利な言い方をする場合が多く，その言葉だけを信じてしまい，真意を学校に確かめようとしてきます（そのときの口調が冷静さを失っている場合もあり，教師側としては「クレーム」と捉えてしまいがちです）。このような場合，学校に連絡を寄せるに至るような誤解を与えてしまったことに対しては，不本意であってもまず真っ先に「ご心配をおかけして申し訳ないです」と伝えてしまった方が，その後の話し合いがうまくいきます。また，音楽に関するクレームの多くは，「自分の子供は頑張って学習や練習に取り組んでいるのに，どうして…」といった類のものがほとんどです。保護者は子供たちが家庭で一生懸命取り組んでいる様子を見ていますので，それを応援したいと思うのは自然な心情です。

ただ，学校はどうしても成績やオーディションといった形で，そうした子供たちの努力の成果を判定しなければならないことがあります。このような場合は，こうした連絡が入ることもあらかじめ想定し，どうしてそう判断したのかをきちんと説明できるように準備しておく必要があるのです。

決定はエビデンスの蓄積や客観性に基づくもので

　このようなクレームに対応する場合，一番危険なのは「私が決めました」と教師が早計に言ってしまうことです。最終的にそうなったとしても，そのように判断するに至ったより客観性に富んだエビデンスを提示することが，相手を納得させるためにはまず必要です。

　判断のエビデンスにする資料には，以下のようなものが考えられます。

①テストやオーディションの様子を記録した映像や音声資料，教師のメモ
②積み重ねてきた学習や活動の記録（子供たち自身によるもの，教師によるもの）
③（可能なら）上記の資料をもとに複数の教師で合議して決定した事実

　①は，進路に関わるようなときや音楽会の伴奏者を決めるときなど，その決定がその子の人生に大きく影響する場合には，特に重要になります。今はタブレットなどで手軽に音声や映像の記録を残せるようになりましたので，このような判断の際は必ず記録を残しておくようにしましょう。

　②は，教師がいかにその子の学習や練習過程を把握し，重視してきたかを伝えるうえで重要な資料になります。学校教育においては結果が全てではなく，そこに至る努力の過程が重要視されることがプロの世界とは異なるところです。努力の積み重ねをきちんと見守ってきたうえでの判断であるという事実を伝えられるよう，こうした記録は残していくべきです。

　③は，判定が一人の教師の主観によるものではなく，複数人による，より客観的なものとするために重要なプロセスです。特に経験が浅い教師の場合には，こうした主観による判断に対し，保護者から疑問をもたれることはよくあることです。多くの目や耳にふれ，客観性をもたせたうえでの判定であることを伝えることは，保護者が結果に納得する大きな理由となるでしょう。

こなっしーはこう考える！
働き方改革に向けたアクションQ＆A

Q．ICTの活用は逆に仕事量が増え，働き方改革に逆行している気がします。どのように考えればよいのでしょうか。

A．ICT機器を用いたことで仕事量が増えた，と感じられているとのことですが，それは主に機器やアプリに慣れず，操作に時間がかかったり，新しいICT機器に対応した教材をつくるのに時間がかかったりすることで，そう感じたのではないでしょうか。また，新しい方法だけに移行するのが心配で，従来の方法と両方取り入れようとすると，準備などにも時間がかかります。GIGAスクール構想による1人1台端末の導入のように，ICT機器が大幅に入れ替わったり，システムの違う市町村に異動したりしたときには特にそのように感じるものです。

　最初は何事も「産みの苦しみ」は伴い，時間がかかるものですが，操作に慣れてしまったり，一度使ったものを，次年度に再利用できるよう整えたりさえすれば，徐々にそれらにかける時間を減らすことができるようになります。「時間は自ら生み出すもの」という意識をもち，今やっていることが次に使うときには必ず役に立つと信じて，前向きに取り組んでみてはいかがでしょうか。

Q．日々の業務に追われ，伴奏の練習をする時間が確保できません。どうすればよいでしょうか。

A．多くの学校では，教師がピアノやオルガンを弾く練習時間を勤務時間内に十分に確保するのは難しいのではないでしょうか。逆に考えてみると，教師がピアノやオルガンを弾かなければならない理由は何なのでしょうか。おそらく返ってくる答えは，「昔からそうだから」というものや，「生の伴

奏だからこそ，生き生きした音楽が生まれる」というものでしょう。しかし，教師の役割が，子供の学びを支える「伴走者」に変わりつつある今，教師自身が楽譜とにらめっこして必死で伴奏をすることは，必ずしも求められないものになってきています。

　また，たとえ音楽に造詣があったとしても，バスケットボールができたからといってスポーツが万能ではないように，ピアノが必ず得意なわけではないのですから，伴奏は得意な子供たちに委ねたり，ICTの力を借りて伴奏音源を流したりしたとしても，決してそれが怠けていることにはならないでしょう。伴奏することが責務なのではなく，子供たちが音楽の素晴らしさを知るファシリテートをするのが，これからの音楽教師の大事な役割なのです。

Q．クラブ活動の指導で土日まで出勤が続き，休む時間がもてません。どうすればよいでしょうか。

A．クラブ活動や部活動にかかる教師の負担については，大きな社会問題になっており，地域への移行などの検討が進められています。今まで教師の善意とやる気によって支えられてきたこうした活動は，働き方改革の浸透や教師のなり手不足などによって，見直しを迫られているのです。しかし，これは実に複雑な問題で，活動を受けもつことを苦痛に感じている教師と同じくらい，こうした活動に情熱を傾けている教師がいるのも事実です。両者の思いに着地点を見いだすまでには，まだ議論に相当な時間を要するでしょう。

　ただ，人材が枯渇している現状において，働きすぎによって体調を崩す教師は少しでも減らしたい，と管理職や教育委員会は考えていますので，耐えられないほど辛い状況が続くのであれば，思いきって相談してみることをお薦めします。

COLUMN 05

悩み多き，こなっしーの働き方改革

　今まで，音楽教師の様々な働き方改革に関する実践を述べてきましたが，最後は「じゃあ，筆者の貴方の働き方改革はうまくいっているの？」という話になるかと思います。基本的にはご紹介した方法を実践したことで，学校における業務量は大幅に減ったと感じています。ほぼ毎日午後６時ぐらいまでには学校を退勤していますし，家族と夕食をともにする機会も以前より増えました（これは私だけでなく，勤務校の教職員の多くがその傾向です）。やはり，ICTを活用して業務の効率化やペーパーレス化を進める恩恵は大きいと感じています。

　ただ，2022年11月現在では，以前盛んに行っていた吹奏楽部の活動が，感染症の影響によって停止している状態であり，その活動がもし本格的に再開されればおそらく業務量はまた大幅に増えるでしょう。これを受け入れることが正しい選択なのか，あるいは別の選択肢を模索していくべきなのか，自問自答する日々が続いています。私自身，吹奏楽が大好きですし，活動を通して子供たちが大きく変容していく姿を今まで何度も見てきました。その活動そのものには大きな教育的価値があることを今でも信じて疑いません。しかし，この活動は教師に大きな自己犠牲を求めるものであり，感染症禍を経て働き方改革が進む現状では，同じような活動の仕方を後進に求めるのは困難であると感じています。やはりここは「教師がやるべき仕事」について，マインドチェンジをしなければならないと思うのです。中学校における部活動に関しては，地域への移行を含めた改革案が検討され，「部活動指導員」という役割が見いだされてきました。こうした部活動指導に専門に携わる職業への社会的認知も含め，部活動がこれからも子供たちの心身の成長に貢献できるよう，環境整備への議論を進めるべきであると感じています。

おわりに

　10年後，20年後の世界で本書を読み返したときに，私たちは果たしてどう感じるでしょうか。

　あのときは大変だったと感じるか，あるいは，あのときはまだよかったと感じるか，今の状況ではまったく想像がつきません。

　願わくは，あのとき私たちが全力で音楽の学びを前進させようと努力したからこそ，今の充実した学校音楽教育がある，そう胸を張って言えるようにしたいものです。

　本書では，これからの音楽授業づくりを進めるうえで必要となる様々な考え方やアクションを紹介してきました。私たち教師がこうしたアクションを起こしていくことによって達成すべき究極の命題は，音楽という教科や活動を学校の中でいかに「持続可能」なものにし，後世に残していくか，ということにあります。

　今まで何となくやってきたものをただ繰り返していたり，教師の負担が際立つものをそのままにしたりするのでは，たとえそれらが価値あるものだとしても受け入れられなくなるのがこれからの時代です。先人たちが築き上げてきた様々な教育技術を継承しつつ，昭和から繰り返し行ってきた様々な取組の価値を，今一度見つめ直すときなのだと思います。

　音楽の授業や活動がいつまでも学校に存在し続け，子供たちの心を育む重要な役割を果たしていくために，また，みんなで音楽の感動体験を共有することが，学校の存在理由の一つであり続けるために，私たち教師一人一人がアクションを起こし，教科をアップデートしていかなければならないのです。

こうした私たち教師の小さなアクションの積み重ねによって，これからの時代にふさわしい，音楽授業の新しい「スタンダード」が築き上げられていきます。そして，パンデミックによって停滞した日本の学校音楽教育を前に進める大きな原動力となるでしょう。

　皆さんがそれぞれの学校で実践を進めるにあたり，本書に記された私のアクションが，少しでも何かのお役に立てるのであれば，著者としてこれ以上の喜びはありません。

　本書を参考にしていただきながら，ぜひ音楽の学びを通して子供たちに笑顔が生まれる，ワクワクするようなアクションをお考えいただければ嬉しいです。

　最後になりましたが，執筆が思うように進まず大変ご迷惑をおかけしておきながら，本書を世に送り出すために誠心誠意ご尽力くださった明治図書の赤木恭平様，そして，日頃より私のライフワークにご理解を賜り，応援してくださる全ての皆様に，心より感謝を申し上げます。

小梨　貴弘

【著者紹介】

小梨　貴弘（こなし　たかひろ）

1972年東京都生まれ。武蔵野音楽大学音楽学部器楽科（ホルン専攻）を経て，文教大学教育学部中等教育課程音楽専攻卒業。埼玉県内の国公立学校7校で学級担任，音楽専科教員として勤務。現在，埼玉県戸田市立戸田東小学校教諭。日々の授業や吹奏楽部の指導をこなす傍ら，ICT機器の活用やアクティブ・ラーニング，授業のユニバーサルデザイン化といった，先端の教育技術の実践研究を進める。平成27〜29年度，また令和2，3年度に文部科学省国立教育政策研究所実践研究協力校授業者として教科調査官の訪問を受け授業を提供。文部科学省編『初等教育資料』平成29年1月号に実践論文を掲載。また，「小学校音楽科におけるタブレット端末を活用した指導法の開発」が平成29年度科学研究費補助金奨励研究となる。著書『こなっしーの低学年だからできる！楽しい音楽！』『音楽科教育とICT』（音楽之友社）『こなっしーの音楽授業をステキにする100のアイデア』（明治図書）をはじめ，雑誌などでの実践記事掲載多数。平成28年度戸田市優秀教員表彰，平成29年度埼玉県優秀教員表彰，平成30年度文部科学大臣優秀教職員表彰。音楽教育勉強会「音楽教育駆け込み寺」サブアドバイザー，日本音楽教育学会，音楽学習学会，日本電子キーボード音楽学会会員。

音楽科授業サポートBOOKS

ICTで令和の学びを創る！
こなっしーの音楽授業アクション50

2023年4月初版第1刷刊	©著　者	小　　梨　　貴　　弘
	発行者	藤　　原　　光　　政
	発行所	明治図書出版株式会社

http://www.meijitosho.co.jp
（企画・校正）赤木　恭平

〒114-0023　東京都北区滝野川7-46-1
振替00160-5-151318　電話03(5907)6701
ご注文窓口　電話03(5907)6668

＊検印省略　　　　　組版所　中　央　美　版

本書の無断コピーは，著作権・出版権にふれます。ご注意ください。

Printed in Japan　　　　ISBN978-4-18-317120-7
もれなくクーポンがもらえる！読者アンケートはこちらから

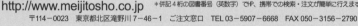